Richard Steele

THE RELIGIOUS TRADESMAN

工作的呼召

〔爱尔兰〕理查德·斯蒂尔 著

王培洁 杜华 译

团结出版社

图书在版编目（CIP）数据

工作的呼召 /（爱尔兰）斯蒂尔（Steele,R.）著；
王培洁,杜华译 . — 北京：团结出版社，2011.7（2012.9 重印）
ISBN 978-7-5126-0565-7

Ⅰ.①工… Ⅱ.①斯…②王…③杜… Ⅲ.①成功心
理 – 青年读物 Ⅳ.① B848.4-49

中国版本图书馆 CIP 数据核字（2011）第 146122 号

出　版：团结出版社
　　　　（北京市东城区东皇城根南街 84 号 邮编：100006）
电　话：（010）65228880 65244790
网　址：www.tjpress.com
E-mail：65244790@163.com
经　销：全国新华书店
印　刷：环球印刷（北京）有限公司

开　本：32 开
印　张：8.25
字　数：150 千字
版　次：2011 年 8 月　第 1 版
印　次：2012 年 9 月　第 2 次印刷

书　号：978-7-5126-0565-7/B.137
定　价：28.00 元
　　　　（版权所属，盗版必究）

出版前言

工作对于许多人来讲都是十分重要的事情。然而,有多少人会问一问自己:我工作的目的是什么?是为了养家糊口,还是出人头地?是为了实现人生的价值,还是亲人的重托?本书从一个特别的角度,为你讲述清教徒这一特别的群体对工作的态度。

马丁·路德认为工作是天职,人要担当世上的责任和义务。加尔文认为各行各业都是呼召,没有贵贱之分。无论是农夫、木匠或是工人,都要视工作为神圣的,因此人们应当满足于自己的工作并做好自己的本职工作。马丁·路德·金博士举了这样一个例子,他说:如果一个人是清洁工,那么当他打扫街道的时候,他的工作像米开朗琪罗作画、贝多芬谱曲、莎士比亚写诗一样,没有什么分别。他应该尽心尽力好好打扫,让天地万物之主都停下来说,一个伟大的清洁工在此生活,他是多么出色。

众所周知,清教徒敬业勤奋、克制节俭、自信勇敢,他们不会怠惰安逸、奢侈纵欲、故步自封。回顾历史我们可以看到,清教徒崇尚商业和工业,尊重商业道德,在自我财富积累的同时,还进行社会回馈活动。所有这些,都给当时及后世的社会状况产生深远的影响。

本书首次出版于1684年。今天的读者们可能对作者理查德·斯蒂尔的名字很陌生，他的作品在当时却是经典畅销书。一个多世纪之后，本书由"圣诗之父"以撒华滋作序，再次出版，我们手中拿到的就是这一版本的译本。本书是论述清教徒工作观的经典之作，探讨了商业道德和良知的问题，主要内容包括：工作的性质和责任、职业选择、审慎与明智、殷勤、公正、诚实、知足、信仰，以及对初入社会的年轻人的忠告。当年这本书的英文版出版时，被誉为"职场新人手册"，作者以其丰富的经验和信仰的深情写下谆谆教诲，引导青年人走上积极、热情、敬虔、节制的职场之路。

目前中国的市场经济日益发展，商品经济活动更加活跃。在经济大潮汹涌澎湃的大环境下，有许多问题摆在人们面前：如何保持商业活动的正常运转，持守商业道德，讲求公平交易，注重承诺？如何持守个人良知，在工作和家庭中尽职尽责？此书为我们提供了很好的答案，供我们参考借鉴。

序

　　上个世纪，可敬的理查德·斯蒂尔爵士以《职业呼召》（*The Tradesman's Calling*）为名出版本书，阐述人们在日常工作中的责任，并根据圣经和人之常情强调人的良知，让人感觉既切合实际又充满关爱。对于工商业人士甚至全体公众来说，这本书是难得的佳作。现在，这本书几乎已经不为人知，倘若得蒙神喜悦，得以重新编辑出版这本书，能给工作中的人们带来益处、解决他们的问题，就再好不过了。我们抱着这个强烈的盼望，几经修改，终于可以把本书送到您的手中，并希望其中的内容能够传遍世界。

　　能有机会为信仰和德行尽一份微薄的力量，我感到不胜荣幸。同时，我也觉得非常满足，因为这本书阐明了每个职场人士都应该铭记于心的教导，包括职场与家庭中的行为操守，内容丰富，价值极高。因此，我非常乐意为本书提笔作序，忝列拙名于这本大作上，并窃望自己能因推荐如此详尽与实用的书籍而颜面叨光。

　　我们这个时代的人，在美德和敬虔上与先辈相去甚远。倘若能够看到神的救恩带来悔改和更新，我会由衷地感到欣喜。若是这更新能够从职场开始，那么会带来多么奇妙和广阔的影响力呀！我们将不会再看到不自量力和强行干涉的事情，或是各种罪恶与过犯；我们的双耳也不会听到游手好闲和骄奢淫逸等带来的破产和败坏的消息，以及个人和家庭遭遇的贫困和不幸，并因此心中震恐。

愿这本书能够成为祝福，达成上述目的，这就是我们发自内心的盼望！

谦卑的仆人

以撒华滋①

1747年1月24日于纽因顿

---

① 以撒华滋被称为"圣诗之父"。他于1674年出生在英国南安普顿一个非常虔诚的清教徒家庭，历尽坎坷，终身未娶，过着孤单的生活，并且一直疾病缠身。1713年，因旧病复发，朋友接他到乡下一个别墅里去养病，一去就住了36年。在这36年孤单和封闭的日子中，他除了偶尔讲道之外，其他时间都专心写作圣诗，一直到75岁去世。他所写的诗歌非常多，著名作品有《普世欢腾》、《奇妙十架歌》等。——译者注

1823年版前言

工作是人们生活中非常重要的组成部分。为职场上的人提供品行的教导，帮助他们在工作中更加快乐也更加成功，至少算是个仁慈的善举。显然，道德规范和谨慎的引导能够帮助我们达到目标。当然，为了真正给大家提供帮助，也要多费思量，因为我们要在履行普遍呼召中的各项责任之间保持平衡，这些事情占据了我们大部分时间。因此，在为世人提供指导的现有作品之外，我们还需要更多的作品帮助。一部题为《完全职业手册》（*The Complete English Tradesman*）的优秀作品，得到了大家广泛的关注和接纳，我希望这本书可以做到人手一册，让每个人都享有尊贵和成功。但是，因为这本书主要讲的是慎思明辨，也就为解说现今的品行操守留下了尝试的空间。

因此，我没有把着眼点放在无用的沉思上，也没有放在揣测宗教中似是而非的矛盾理论上——这么做既不能丰富人的头脑，也不能改变人的行为。我要尽力在日常工作的责任方面，引导那些审慎、正直的职场人士，因为他们在其中常常遭遇各种试探和困难，急需获得来自神或他人的支持和帮助。和别人一样，他们也具有堕落的本性，很容易偏离正路，也有着邪恶的心灵，很容易受到试探；相比学者或绅士，他们面对的是更多、更大的试探和诱惑。因此，他们在商界和工作中遇到的各种特殊问题，不可能全部在这有限的一本书中找到答案。但是，我毫不怀疑，只要把这里讲明的原则和规范信实地应用在特定的环境中，就足以帮助他们找到方向。不过，我们必须首先拥有对神的敬畏，并真诚地爱人如己，这些原则才能在各样疑虑和急难中引导我们。

我要请求读者，以认真和成熟的态度来思考本书的建议，倘若本书的任何内容在你的心中留下印记，其本质和逻辑又与神的律法一致，那么你就应该立刻付诸实践。当然，没有人愚蠢到以为，只要在主日显得很敬虔或是在灵修上很严肃，就可以在其他时间让良心躺着睡觉了。因为所有信仰中的操练和责任，其目的都是为了执行并维护智慧与公义的原则，并在日常生活中表现出来。宇宙万物的创造者和所有者要的不仅仅是我们虔诚的敬拜，也要我们顺服他的律法。

目　录

Chapter 1

第一章

工作的性质和责任

工作乃是呼召

人生最大的幸福和终极的目标，莫过于认识、热爱并荣耀神——我们的创造者、救赎者和施恩者。我们被赋予身体和心灵的能力和才干，完全是为了今生的行动，神的设计正与此相配。神奇妙的供应也使我们相互依靠、供应彼此的需求，而不是靠一己之力存活。信仰和理性要求所有人按着能力去工作，这样，不仅对自己有好处，也可以造福社会。正如诗人所说：

> 上天令人彼此依赖，
> 为主、为仆或为朋友，
> 定要相互协助，
> 直到软弱者得刚强，
> 在心灵的饥渴与贫乏中，
> 建立人类的喜乐、和平与荣耀。

基督徒生活之所以美好，是因为两个重要原则：一个是对于当前交往的人和经历的事，满怀爱心和尊重；另一个是与人交往本着智慧、良善、公平和正直的原则。

　　各种实际的或想象的需要，使得人们选择了各不相同的职业。有些人劳苦一生，主要是为了生计或维持身体健康；有些人是为了维护人的尊严和财产，保证和推动个人与社会的和平与发展；有些人是为了用实际而愉快的知识陶冶心灵，或是用更为重要的信仰和美德来改变人的内心——这样的职业虽然并非总是最有益处的，却肯定是一份体面的工作；还有很多人则致力于从各个方面给周围人带来帮助和乐趣。

　　当然，神的智慧和良善值得我们思索。他照看人类的需要，满足人对舒适的需求，赋予人们从事各种工作的能力。有些人被赋予渊博的知识，有些人被赋予活力与力量；神赐予这人分辨诸灵的判断力，又赐予另一个人灵巧的双手或强壮的双臂；有些被分派去远行，还有的在家生产制造。每个人都有能力完成自己的工作，每个人都对社会做出了应有的贡献。正如人的身体，每个肢体和器官各司其职，乐在其中，并发挥最大的功用。

　　同样，在社会机制中，宇宙伟大的管理者让人从众多选择中挑选职业，他所挑选的职业不仅应该最适合自己，也要给社会带来最大益处。不过，实际上职业分工让有的人安闲自在、游刃有余，另外一些人则不胜其苦、怨声载道。

　　富人应当记住，他们的舒适仰赖于穷人的付出，正是穷人的支持给他们带来财富或丰足。所以，"眼不能对手说：'我用不着你。'头也不能对脚说：'我用不着你。'"（《哥林多前书》12章21节）如此，富人就能够温柔、慷慨地对待穷人。

工作不但必需，而且有益

任何一个有能力的人，都应该去做些有用的工作，这是个不言自明的真理，无需多言。很少有人会真的没有一点价值，终日无所事事，浑浑噩噩地打发日子。我们若只是一时兴起，偶尔忙碌一下，也不足以完成自己被造的使命。因此，我们有必要充分利用时间，从事一份正当的职业。神谴责不按规矩而行的人，责备什么工作都不做的人，以及专管闲事、忽略自己本分的人，要求他们学会安静、做自己的事情。宇宙智慧的管理者已经命定了合适的位置和工作给人，对于不留心自己分内之事的人，他会予以谴责，而不是赞美。但是，骄傲和懒惰会想尽一切办法给自己找借口。所以，我将努力证明，我们有责任做一个有用的人。

工作合乎人的本能和理性

很少有人完全孤立地生活，而依靠他人生活却没有任何回报，这简直无法理喻。"天上掉馅饼"显然是愚不可及的想法，没有人会愚蠢到相信这样的谎言。然而，许多人表现得就是这么傻，他们谎称自己相信神的供应，在生活中表现得懒惰散漫，不去从事一份正当的工作以养活自己。不论我们面对何种境况，那创造万有、从不徒然行事的主既然赐给我们行动的能力和力量，坦白说来，我们就有责任以合理和有益的方法使用它们。劳动对人来说是再自然和快乐不过的事情了，倘若有一天懒惰大行其道，要制裁一切勤劳的人，毫无疑问，会有许多人甘愿付上罚金，以求得到工作的自由。

工作是神命定的

无论是在堕落前还是堕落后，亚当都面对着一份工作。亚当还懵懂的时候，神已经为他选择了一份职业："耶和华神将那人安置在伊甸园，使他修理看守。"（《创世记》2章15节）有人这样谈到亚当："就我们所看到的，再没有人比亚当更像贵族了。他有很大一片地产，家庭人口亦不多，还有着善于思考的头脑。若是说起谁能有理由不工作的话，没有人能够比得上他。"犯罪堕落之后，劳作变得更加艰难，而产出和收益变小，神吩咐他"必汗流满面才得糊口，直到你归了土"（《创世记》3章19节）。全能的神对所有人类的吩咐是"六日要劳碌作你一切的工"。这里明确说明，所有人都要选择适当的职业和工作，把自己的时间填满，安息日除外。日复一日，均要如此。我们明确注意到，六日劳作的义务用常见词句说明，就如守主日的命令一样，由同一个权柄发出，加在我们身上。即使在福音恩典下，情形也没有改变，经文这样命令和劝勉我们："我们靠主耶稣基督，吩咐、劝戒这样的人，要安静作工，吃自己的饭。"（《帖撒罗尼迦后书》3章12节）主为了使诫命更具力量，自己为我们做出了榜样——在进入服侍之前，他是个木匠。倘若神能够亲自谦卑下来、尽心劳苦，教导我们谦卑、勤勉的功课，那么任何一个称呼他为主的人能不争相效法他吗？并非所有人都应该去做同样卑微的工作，但是我要请求大家都去从事正当的工作，成为通情达理、可靠、对社会有益的人。

工作是对家庭和社会负责

创造宇宙万物的主把对儿女的爱放在每个人的心中，这份爱激励我们努力为他们创造幸福，但是懒散和怠惰会成为家庭幸福的障碍，使家人无法幸福、舒适地生活在一起。不管人是否宣称自己信靠基督，圣经这样警告我们说："人若不看顾亲属，就是背了真道，比不信的人还不好。不看顾自己家里的人，更是如此。"（《提摩太前书》5章8节）父母的懒惰使孩子衣不蔽体，这多么不符合人之常情呀！父母给他带来贫穷和不幸，这样的孩子长大后，怎么能够宣称父母是有福之人呢？

我们也不应忽略自己对社会的责任。任何人都不能成为自己这一时代的废物，而是应当让自己成为时代的祝福。别人应该能够明显感觉到，如果缺少了我们，世界将会多么不同。为了给我们的生活带来便利，供应我们的生活所需，有多少人在努力工作！如果我们对此没有任何回报，这能算是合理吗？勤奋的蜜蜂把懒惰的雄蜂驱逐出蜂群，同样，具备能力却没有给公众带来任何益处的人，也实在不配得到保护。

因为这些原则，也因为相信无所事事不仅对人类本身和人类的道德有害无益，还会给社会造成不公平和诸多问题，古代希腊和罗马人任命地方法官，确保没有任何人懒散度日，并严惩违背法律的人。在一般犹太人的习俗中，不论孩子的家境如何、受教育程度有多高，都要让孩子做些体力活儿。我们可以从使徒保罗身上看到这个例子，他曾经受教于当时最伟大的拉比，仍然亲手做工，制作帐篷。相同的习俗在其他国家里一直延续至今。

工作为我们自己带来益处

忙碌的人像展翼飞翔的小鸟，能够躲避许多给懒惰人设置的网罗。一个人不可能长时间游手好闲不工作。不做当做的事情，就会去做不当做的事情。灵魂的毁灭者迫不及待地瞄准懒惰的人，寻找各种试探他的机会。所多玛的怠惰就是个明显的例子，懒散是导致邪恶的一个原因；大卫犯罪和放纵情欲，似乎也是出于相同的原因。但是诚实与勤奋能够克服懒散和怠惰产生的骄傲、淫念和情欲。相比"不可看"和"不可做"的规条来说，忙碌到没有闲暇时间，反而对罪恶具有更强的约束力。有多少人因为懒惰，在人生中途就退出了舞台，或是在有生之年因为终日闲坐，给身体带来各样疾病而遭遇痛苦。按照一般的观点，水肿和忧郁等诸如此类的问题，通过有效的活动就可以预防。从获得人生幸福的方面来看，要选择懒惰还是勤奋，答案不言自明。

因此，我们可以一起做如下的思考。

对工作的反思

对游手好闲的反思

无论有什么样的借口，我们都不应过懒散怠惰的生活。富有的人要是认为自己有理由逃避工作和劳作，那他们就大错特错了。这样的做法也是在否定神的智慧，好像他赐给人极多极大的才干，却不要求任何回报。这也说明人们并不知道如何恰当地使用恩赐，并在最大限度上享受和热爱自己的恩赐。只有抓住机会服侍神、怀着高尚的心努力行善，人所具备的优越条件才能发挥出真正的价值；倘若这一切被用于懒散的生活和骄奢淫逸，它的本质就扭曲了。倘若你的经济状况不再需要进一步改善，而别人的需求要求你去工作，那么为了你自己心灵的缘故，工作也是应该的。游手好闲和懒散能够引发无数罪恶。不流动的水马上会成为死水一潭，同样，不工作的人会变得头脑迟钝。比起无所事事地虚度时光来说，积极服侍主、造福他人的生活，毫无疑问会在年老时给人带来更多愉快的回忆。

有时，"奉献给神"会被用来当作不工作的幌子，但是我恐怕这个理由并不充分也不公允，即使人身处富足也是如此。对于那些生活条件并不富足、需要工作来养活自己和家人的人来说，这样的理由就更是苍白和徒劳了。若有人认为自己是个例外，并因为自己对宗教责任过分热心，就忽略自己在社会和群体中的责任，那简直是荒诞可笑。他们就好像生活在半空中，和现实生活中的任何一个人或任何一件事情都没有任何关联。因为他们的懒散，他们的家庭和生意蒙受损失，他们却因着不恰当的热心以及不合时宜的、错误的敬虔，毫不节制地纵情于自己的狂热中。

工作中的不顺利和失败也不能成为不工作的理由。这样的人当鼓足勇气，把过去的失意当作动力，让自己变得更加勤勉和谨慎，而不是把失败当成懒散沮丧的借口。也许其他许多次的努力都不见成效，但是很可能一蹴而就的机会已经来到眼前。因此，不要坐着唉声叹气、沮丧不安。这样的人应当认真、努力地找出自己失败的原因，无论是不谨慎、懒散、技艺不精、轻信还是不好的习惯，都应当尽量纠正；之后，就要再次努力工作，更加谨慎，更加有毅力，以谦卑的心仰赖神——智慧和福乐的源泉。

倘若你把能力不够当做不工作的理由，这时请注意：要实事求是，不要心存幻想。神不会白白赐给每个人推理和思考的能力，大家都当从事某种行业。勤奋的人能够克服许多困难，而不是成为一个白占地土的人。倘若因为疾病完全丧失工作能力，神就已经免除了你的工作责任。在这种情况下，忍耐等候并顺服神的旨意是当尽的责任——也只能忍耐了，对于活跃的心灵和头脑来说，身体的束缚本身就是一种痛苦。话说回来，许多人虚度人生的主要原因恐怕是眼高手低、高不成低不就。他们的条件之于体面和尊贵的工作来说太低了，而他们的心又太高了，不愿意去做差一些的工作。于是他们就不劳而获，在毫不付出的情况下，享受着世间的许多美好事物。他们生活懒散的真正原因是不愿意工作，而不是缺乏工作的能力。

给父母的建议

建议父母们，要教育儿女生存之道，让他们做有用之人；

不要碌碌无为，浪费了自己的能力和才干。倘若你很富有，只把财富留给子女，而没有赋予他们一份工作，这只会助长他们的私欲，不仅在众人面前显明他们的愚昧，也注定会令他们在永恒中的灭亡。因为一个懒惰的人不可能不屈服于自己的私欲，他一定会毫无节制地放纵自己，享受堕落本性喜爱享受的一切。倘若你过于贫穷，你给孩子带来的伤害也是无法弥补的。你背叛了神赋予你的责任，把他们引向羞耻和痛苦。因此，教养他们怀着诚实之心从事一份职业，他们就自然会成为快乐、对世界有用和备受尊重的人。

所有年轻人都要因此被激励，努力下决心，获取有用的知识，让自己配得上使朋友获益、为人类造福的工作。虽然相比于求得智慧与知识的艰难道路，轻松和休闲的生活给人带来的诱惑更大，然而，等到收获的季节，勤奋带来的果实能够大大补偿你现在付出的辛苦和牺牲。做一个愚昧人、满足自己的欲望很容易，但是，智慧和财富必须通过自己的勤奋和谨慎，再加上神的祝福，才能够获得。

忽略信仰的愚蠢

忽略信仰，这简直愚蠢得让人无法想象。寻求神是人们生命的目标，也是每个人最大的责任，因为我们灵魂的不朽和永恒的福祉，全都仰赖我们与神的亲密关系。倘若对普通的事情都必须持勤勉的态度，并且忽略那些小事也会受亏损，那么在这样大的事上，就只能更加勤勉、更加注意了。人应该在心中镌以神的道德形象，人在这方面的美德应当不断增长。我们当靠着对基督真实无伪的信心，向神谦卑悔改，使我们配得最终和永远的荣耀。这样，我们活泼的盼望就会成为完全的确据。最终成就的一切，能够使最殷勤的祈求和追求得到回报。

然而，人多么荒谬无知，竟会忽略这永恒的事！无知和懒惰的人也就罢了，岂料连那些谨慎、聪明不知疲倦、稳重的生意人，竟也会忽略这头等大事。有些人起早贪黑，为生计奔波和操劳，不肯放过一点点现世的蝇头小利，却不愿意花片刻功夫来思索神和自己灵魂的事。虽然理性、良心和神的话语都向他们证实，忽略会带来永恒福乐的毁灭，他们仍然掉以轻心。哦，谨慎、劳苦的世人哪！今生那些无法给人带来真正满足并且转瞬即逝的享乐和荣誉，竟然如此重要吗？这些事情都要过去，那时，你们要获得永恒的居所，难道这不更加重要吗？要做智慧人，省察自己的行事为人。愿神教导我们去伪存真，喜爱真正美好、有价值的事物，靠着他恩典所赐的能力，使我们永远有智慧，并生活得幸福快乐！

相关的教导

"又生了该隐的弟兄亚伯。亚伯是牧羊的，该隐是种地的。"（《创世记》4章2节）

"日头一出，兽便躲避，卧在洞里。人出去作工，劳碌直到晚上。"（《诗篇》104篇22–23节）

"懒惰的人不烤打猎所得的，殷勤的人却得宝贵的财物。"（《箴言》12章27节）

"诸般勤劳都有益处，嘴上多言乃致穷乏。"（《箴言》14章23节）

"爱宴乐的，必致穷乏；好酒，爱膏油的，必不富足。"（《箴言》21章17节）

"因人懒惰，房顶塌下；因人手懒，房屋滴漏。"（《传道书》10章18节）

"才德的妇人谁能得着呢？她的价值远胜过珍珠……愿她享受操作所得的；愿她的工作，在城门口荣耀她。"（《箴言》31章10、31节）

"看哪，你妹妹所多玛的罪孽是这样：她和她的众女都心骄气傲，粮食饱足，大享安逸，并没有扶助困苦和穷乏人的

手。"（《以西结书》16章49节）

"在约帕有一个女徒，名叫大比大，翻希腊话就是多加。她广行善事，多施周济……彼得就起身和他们同去。到了，便有人领他上楼。众寡妇都站在彼得旁边哭，拿多加与她们同在时所作的里衣外衣给他看。"（《使徒行传》9章36、39节）

"我这两只手常供给我和同人的需要，这是你们自己知道的。我凡事给你们作榜样，叫你们知道应当这样劳苦，扶助软弱的人，又当记念主耶稣的话，说：'施比受更为有福。'"（《使徒行传》20章34–35节）

"从前偷窃的，不要再偷。总要劳力，亲手作正经事，就可有余，分给那缺少的人。"（《以弗所书》4章28节）

"并且她们又习惯懒惰，挨家闲游；不但是懒惰，又说长道短，好管闲事，说些不当说的话。"（《提摩太前书》5章13节）

"这话是可信的。我也愿你把这些事切切实实地讲明，使那些已信神的人留心作正经事业。这都是美事，并且与人有益……并且我们的人要学习正经事业，预备所需用的，免得不结果子。"（《提多书》3章8、14节）

Chapter 2

第二章
职业选择

择业须知

谈过工作的责任与好处之后，下面我们要来看看如何正确择业。乍看之下，择业对每个人都是今生至关重要的一个问题，因为以后的舒适安逸和幸福快乐都取决于此。对于儿童和青少年而言，他们一般处于父母的监管和引导之下，但是孩子本身的兴趣爱好也不容忽视。择业的必要指导原则可以浓缩成两点——所选择的职业应该合法并适合自己。

工作的合法性

人必须从事合法的职业。犯罪已经很可耻了，从事犯罪的行业，长期违背神的诫命，想想都令人厌恶。只要人心中美德和信仰的原则没有完全泯灭，就会不齿于此，因为神的咒诅常在他们身上。贪念和欲望可能会蒙蔽他们的双眼，让他们随波逐流地行在咒诅中，并且毫不反思。但是，神的愤怒常常伴随着他们，使他们的希望破灭、野心成空、财富化为乌有，这样的事即使在今生也屡见不鲜。就算神没有在今生惩罚他们，他最终也必将审判他们的罪恶。类似不法的事情虽然令人惋惜难过，但在现今的社会很常见，人们对良知不闻不问，对信仰掉以轻心，仿佛只要有几个外在的敬虔行为就可以了，信仰与他们的日常生活没有任何关联。在这样一个时代中，若要确切地指出哪些职业有罪恶之嫌，就难免遭人非议和指责。然而，有的职业令我们对神不那么敬畏了，有的则让我们忽略对神当尽的本分，有的拦阻我们造福他人，有的致使我们犯罪或刺激他人犯罪……每个人都必须承认，这样的职业无疑就是犯罪。只有让我们能够以诚实寻求神的祝福，并盼望得到他悦纳的职业，才是合法的职业——这就是我们最好的行为准则。

选择适合自己的职业

我们选择的职业要适合自己。鲁莽与轻忽常常会给人带来毁灭，有时也会给公众带来损害。能力和恩赐超过工作需要的人，会不安分、不满足。能力和恩赐不能满足工作需要的人，几经尝试和失败之后，会变得失望沮丧。若他们身处高位，他们的问题就会暴露在大家面前，他们也会因此面对谴责并感到羞耻。

因此，我们必须考虑到身体和头脑方面的能力。说到头脑，不可以让一个头脑迟钝、记忆力差、判断力不敏锐、不能控制自己情绪的人从事需要运用智力的职业，特别是与信仰相关的职业。虽然有些能力不佳的人在教会和国家中起到一定作用，然而类似的事情并不常见，这是良善的神的保守，但这并不能成为使用愚蠢和草率之人的理由。全能的神随己意行做万事，但我们必须做自己当做的事情，即量才而用。对于需要智慧和创造性的工作，要选择具备智慧和创造性的人。另一方面，一个睿智的天才被一份龌龊的职业束缚，这也是一种遗憾。这就好像让一个本应掌舵的人去摇桨一样。倘若神把卓绝出色的能力赐给一个人，一般情况下，也就是等于任命他们承担一份与之相称的职业。因为今天神呼召的方式，并非通过人可以听见的声音，乃是赐下真正合适的恩赐。人的身体状况也要与工作的需要相称。具备强壮健康的体魄，却没有敏捷的头脑，这样的人适合体力劳动；而那些身体较为柔弱的人，应该被安排在较为轻松的工作岗位上。

我们也要把受教育程度和生活环境放在考虑范围内。接受过高等教育的人，在正常情况下也应该从事修养较高的工作。简单普通的工作适合受教育程度一般的人。对于一个很有学问和天分的人来说，要从事卑微的工作并安之若素，则需要不同寻常的智慧和谦卑。同样，从小被温柔呵护的人，也不应该被放在严酷的环境下，否则就好像新酒被装在旧皮袋里，皮袋就裂开，酒漏出来，连皮袋也坏了。择业时，人的生活环境也应该被考虑在内。一个耕田犁地的人，因着一笔巨大的财富，突然之间跃升为决策者，不免令人感到荒唐。但是，人们常犯的错误恐怕恰恰是这样——人们在为自己和自己所关心的人选择职业时，常常由于骄傲和虚荣而不切实际，选择了一份难以胜任的工作，又幻想着自己能够交好运，但是这样的情况很少发生。因此，有的人出于错误的动机参加工作，又因失望而陷入谷底；有的人则为了金钱而工作，整天奴颜婢膝地看人脸色过日子。

因此，要想做出明智的选择，就要遵从以下几点：

首先，要对择业予以适当的重视。对于人生中如此重大的事件，不经认真思考就做出决定，实在愚不可及。然而，在这一重大时刻，人们常常一时兴起或者单凭感觉就草草决定。他们认定这份或那份工作能够带给自己轻松安逸的生活，或荣誉、享受和利益，于是一头扎进这个行业里。但是他们的预期超出了合理的范畴，因此渐渐对自己的选择失望，并越来越厌倦工作，疲惫不堪。我们其实应该想想，我要选择的职业合法吗？适合我吗？我所拥有的资源能够支持我走到底吗？我具备足够的能力去学习这个行业的相关知识吗？我具备担当责任的力量和忍耐力吗？我有足够的资金来支付相应的支出吗？如果什么都不想，我们就会像一个愚昧的建筑工人，打下了地基，却不能建完房屋，给自己留下遗憾、带来羞耻。倘若你适合做许多不同的事情，只是擅长的程度不等，那就有责任根据自己的智慧，选择能够最好地服侍神和社会的工作。

第二，要请教和咨询可靠、明智的人，特别是同行。他们是自己所处行业中最好的裁判，因为他们知道这个行业的益处和弊处，以及进入这个行业的必要条件。倘若他们既可靠又明智，那么年轻人应该重视他们的建议。年轻人应该听从可靠和经验丰富之人的建议，根据他们的忠告描绘自己的人生蓝图。那么，即使他们没有成功，也能感到些许安慰，因为他们的失败不是出于自己的草率鲁莽。许多人愿意帮助一个身处困境但行事谨慎的人，而不愿意帮助一个随便、任性、只爱空想的人。

第三，选择一个不会危害头脑和心灵的职业。有许多职业本身并没有不合法的地方，也能够带来丰厚的回报，然而，任何一个看重灵魂的人都不会让子女从事这样的职业。因为这样的职业带来许多重大的试探，从事这样的职业，几乎无法不受到相关的罪恶和不道德行为的影响。有些生意场所受到大家广泛欢迎，很多人都想在那里工作，然而老板治家不严，员工素质也是良莠不齐，甚至有些人会给别人带来邪恶的影响，带着别人一起走向灭亡。对待儿女的时候，不要比对待圈中牛羊还差。不要为了当前的利益，让他们不朽的灵魂面对步步紧逼的危险，因为圣经上说："人就是赚得全世界，赔上自己的生命，有什么益处呢？"（《马可福音》8章36节）要把他们放在能够敬拜神的地方，好让他们敬虔度日，也好让年轻人学习克服急躁等弱点，学会如何为今生和永恒而活。请允许我这样说，因为他们的生活态度若没有受到理性和信仰的约束，他们就无法得享今世的福分，更不用说其他更大的盼望和福乐了。

第四，恳切祈求神的供应、引导和帮助。神为我们立定居住的地方和疆界，我们仰赖他、寻求他。在一切事上认定主，是有智慧的被造物仰赖宇宙世界的创造者和掌管者时当有的敬意。这样去做的时候，我们就有理由可以相信，神会引导我们的脚步。如果忽略了这一点，我们就没有任何权利期待他会引导我们或赐下属天的祝福，也就难怪我们会遭遇失败和困境。只有神才知道人生各个境遇中的所有试探、困境、益处和问题，以及我们的优缺点。只有他才知道什么职业适合我们。他愿意引导一个诚实谦卑的求问者，有时会借着我们不知道、想不到的人和方法，带领我们踏上最能带来今世平安和将来福分的道路。仰赖神替我们选择将来的产业，不仅是我们应尽的责任，也是我们最好的选择。

第五，谈到一个人当前的人生方向，也应该考虑到喜好的问题。倘若此人对某一职业具有强烈和合理的渴望，这也是我们明白神引导的一个方法，是迈向正确抉择的良好开始。对于自己本身喜欢的职业，人们通常都能非常精通，也能够忍受工作带来的一些不适感。

从业原则

我们是人，而非受本能控制的、缺乏理性的被造之物，我们被赋予理性，而且我们的理性有神的启示引导。行为背后的动机和看法以及具有导向性的性情和习惯，都要与神的指引方向一致，使我们能够尽本分，行在通往喜乐的道路之上，不浪费主赋予我们的理性。要想达到这个目标，我们的头脑就要接受信仰原则的影响和引导。成千上万的人半途而废，都是因为他们在进入大学和走上工作岗位的时候，对责任一无所知，也缺乏对危险的认识，丝毫没有戒备心理。他们对这个充满试探的邪恶世界感到惊讶，堕落败坏的本性使他们迫不及待地接受和相信不为人称道的、亵渎信仰的事情，导致他们彻底毁灭和败坏了。要想避免毁灭性的打击，你要努力明白什么是真正的基督教信仰，在生活的各个方面规范自己的态度和行为。

信仰原则

对神真诚的爱和敬畏，以及借着耶稣基督得蒙神悦纳的愿望，应该是你一切行为的动力。将我们的心灵全然奉献给神，努力讨他喜悦，我们就具备最稳固和安全的保证，能够抵挡今世的罪恶和愚昧，避免将来的痛苦与惩罚。我们真诚地侍奉他，他肯定会祝福我们。他乐意照顾我们的需要，在我们面对困境时支持我们，赐给我们他的智慧与引导，以他的恩慈安慰我们，保护我们脱离无数的愚昧行为和痛苦。很多人只为获得世界的好处，被自己的淫欲和恶念所牵引，用错误的准则来管理自己的生活，因此陷入愚昧和痛苦的网罗之中。相信我吧，你们要趁早成为敬虔的人，在你年轻的时候，纪念造物主。这么做不仅是你的责任和本分，也是为了你自己的益处。你也正是为了这一目的被造和被救赎，活着的目的也正在于此。唯有这样，创造天地的大能者才会看你为他的产业。你在工作的时候，"不要只在眼前侍奉，像是讨人喜欢的，总要存心诚实敬畏主。无论作什么，都要从心里作；像是给主作的，不是给人作的。"（《歌罗西书》3章22–23节）这样就能够让最卑贱的工作显得高贵，不论你今生是否成功，都能给你带来最高的赏赐和最真实的幸福。

> 我的神，我的王，请指教我，
> 你对万事的洞见。
> 让我无论做什么，
> 都像为你而做。

> 以此为准则的仆人，
> 会把劳苦当作圣工。
> 即使在扫地，也是为了你的法度，
> 便能安之若素。

> ——乔治·赫伯特（George Herbert）[1]

① 乔治·赫伯特（1593–1633）：英国诗歌作家和演讲家。他的作品将丰富的感情和清晰的逻辑融为一体，描写生动形象，隐喻出神入化。《衣领》（*The Collar*）或许是他最著名的诗作。赫伯特生于威尔士，毕业于剑桥大学，并于后来留校执教。1630年，他被任命为英国国教的神父，其后成为威尔特郡的一个教区长。《圣堂》（*The Temple*）（1633年）收录了他的大部分诗作。

毅力和决心

要全心仰赖神的帮助，除了信仰原则之外，你还需要坚定的毅力和决心。每次面对人生的新境遇，你都会遇到前所未有的试探与困难。一个未经预备且缺乏决心的人，很快就会退缩和让步。但是你若能分辨出诱饵和钓钩，不仅看到邪恶的诱惑，同时也能想到诱惑带来的后果，你就能靠着主耶稣基督的恩典逃避那些网罗。在年轻人遭遇的所有试探中，再没有比邪恶的同伴更具毁灭性和致命性的了。这等人随处可见，就如堕落的天使一般，离弃神，努力要把别人拉进罪恶和刑罚中。因此，不要刚刚认识一个人就建立友谊，只有经过受人尊重的基督徒的推荐，或者有充足的时间和机会去了解和观察对方，对他们信仰的真诚和认真程度感到满意，才可以与他成为朋友。不要让从前的熟悉成为今后友谊的基础，因为他在学校时可能很纯真，现在却邪恶且老于世故。不要因为傲人的才智、学识、家庭背景或财富，就和一个嘲笑或藐视信仰和道德标准的人建立友谊，因为他们在其他方面的优越性，能够给你的信仰造成致命的负面影响。因此，你必须坚定，两到三次婉拒就能够帮助你脱离他们的诱惑；然而，你若是随波逐流，或是按照他们的说法去做，他们就会得寸进尺。你只要陷入了邪恶同伴的网罗，就很难再脱身了。倘若你因为生意或关系上的问题，不得不和品行不端的人相处，那么就要谨慎小心，注意保持分寸。倘若你发现自己的心灵起伏波动很大，你对信仰的热心因为他人的愚昧和嘲笑而有所减弱，那就要认真查考神的话语，看看在神无限的智慧命定中，什么是人的责任和本分，什么是真正的幸福，思考自己当遵循和追随什么，是神的判断，还是瞎眼之人和迷惑人的罪人的判断？你要观察，他们是仅仅宣称自己相信主，还是真的看重圣洁和美德？思考一下，在死亡和审判那日，他们这些疯狂、肆意嘲笑信仰的人，难道不会因为自己曾经轻忽神的真理，而咒诅自己和自己的愚昧吗？再想想，那些人仅仅因为这些疯子的嘲笑，就离弃神、自己的责任和本分，以及自己最大的益处，是否应遭灭亡？由此看来，你们当与和自己同龄的谨慎、智慧和敬虔的人建立友谊，与他们为伴。因为"与智慧人同行的，必得智慧；和愚昧人作伴的，必受亏损"（《箴言》13章20节）。

面对职业中遇到的劳苦和困难时，你也当定意做勤奋人。熟能生巧，时间长了，一开始看起来艰难的重担，也就相应变得轻松和容易了。体能和头脑也因为操练变得强壮，从前觉得很难的事，也能够应付自如了。这样，你就锻炼出对工作的忍耐力，并能以坚定的心态应用这种忍耐。你若是遭遇从未经历的苛刻环境，如别人严厉对待你，或向你发怒、说苛责的话、态度不友善，不要泄气。神允许这些事情发生在你身上，好让你从骄傲变为谦卑，使年轻人的任性和游戏心性得到约束。因此，应该欢欢喜喜地忍耐工作中的困难，盼望平安和满足能够胜过劳苦和困难。

谦卑和忠诚

我要特别强调，谦卑和忠诚是你得到上司和其他所有人尊重的必要条件。

谦卑能够让你在任何人生境遇中都感到快乐知足。处在这样的状态中，你就愿意听从他人的命令，容易满足，不易被激怒，能够得到大部分人的喜爱。一颗谦卑的心所想到的，更多的是自己获得的每样好处，而不是自己配得什么，也不会认为自己不应该遭遇患难。一个谦卑的人不会认为自己过于伟大或过于美好而不愿意诚实本分地工作、不去俯就卑微低下的工作，也不会不以谦恭和尊重的态度对待别人。由于谦卑，你在应该顺服的时候，就不会争辩；在应该忍耐的时候，也决不会抱怨；对于应当尊重的人，也决不会嫉妒；对于应当接纳的人，也决不会出言不逊。那些做法都是心灵骄傲的表现，为神所憎恶，为人所不齿，也使你自己感到不舒服。无法忍受劳作，难以承受责备，每一个星期都像一年那么漫长，在煎熬中等待地上的苦役彻底结束——那时，你将永远带着枷锁。对于一个被骄傲和情绪奴役的人来说，还有什么自由可言？

忠诚是另外一个需要培养和建立的美好品格。你在言语上要真诚恳切，要憎恶并避免撒谎和伪装，因为人与人之间一旦失去了信任，就会对友谊和人与人之间的沟通造成损害。若是放纵这些习性，你也会成为一个卑劣和被厌弃的人。

　　要敢于讲真话，凡事都不说谎；若用谎言掩盖错误，最需要掩盖的错误都会变得更可怕。

　　　　　　　　　——乔治·赫伯特（George Herbert）

　　因此，不论在什么境遇下，不论代价有多大，都要讲真话。要一直秉持这个原则。

　　你会发现，诚实地承认错误的人，比用谎言给自己找借口或矢口否认的人更容易被饶恕，也能够给自己保留较好的声誉，因为谎言只能隐藏一时。你的忠诚也要包括行为和言语上的诚实，要忠心和公正地完成别人交托给你的一切事。不要用任何借口做幌子偷工减料或者泄露他人机密。如果你拥有忠诚，即使你在技巧和工作能力上没有达到相应的标准，你的忠心仍能为你赢得爱和尊重。一颗真诚的心，能够弥补思维和技巧方面的欠缺。天生有弱点的人可以获得同情与谅解，但是虚伪和欺骗的人被神和人所厌弃。因此，不论你面对何种需要与试探，都不要违背公平和真理的原则。不要以为即使你不诚实，只要拥有熟练的技巧或各方面的能力，就依然能够立足于世界。

坚持研读圣经

　　要常常利用一部分闲暇时间学习圣经，因为它引导我们明白自己的责任和本分，给我们带来幸福，是最可靠的向导。在圣经中，神的心意向人全然显明，保护人远离邪恶，引导人明白什么才是最美好的，并显明人心中的意念。圣经中有些部分充满有趣的历史故事，具有教育意义，因为它们不仅关乎人的外在行为，也关乎内在动机，其中没有任何虚假和谬误。我们能在圣经中读到真正的道德价值体系，以至高神的原则为基础，这原则是最合理的，并以最可怕和最引人注目的方法来执行审判。圣经是在神的祝福下写成的，能够医治人的心灵，使人心得到净化、安慰和升华，教导人美德和良善的原则。人在实践圣经真理的时候，就能够坚信其中的真理。总之，圣经能够使我们"因信耶稣基督有得救的智慧"。当你的心能够珍惜圣经带来的喜乐和纯净时，你就不必小心翼翼地去抵制现今比比皆是的污秽和腌臜的书籍——那些书籍炫耀才智和高雅，实则是败坏人心思意念的毒药；谎称其中有真理，实则有百害而无一利。

祈祷

要常常以谦卑和真诚的祈祷寻求神的恩典和悦纳，让祈祷成为你灵魂的呼吸。不要以为良好的决心能够保守你远离不道德和邪恶。倘若没有神的帮助，单靠勤奋和技巧不能使你逃避邪恶，最卓越的能力、最睿智的老师和收入最丰厚的职业都不能保证你的成功。那些前途看似一片光明的人，常常半途而废。这证明神若不同在，不论人拥有怎样的优势，没有主的祝福，到头来都不过是一场空。凡是想要获得成功之乐的人，都要寻求神的祝福。祈祷并寻求神，不仅在刚刚开始工作的时候是必不可少的，在以后人生的各种环境中，也是如此。因为我们要随时仰赖神，寻求他赐下的祝福，满足我们对将来的盼望。早晨和夜晚的祈祷是打开新一天的怜悯的钥匙，也能够保守我们在夜晚不遇到危险，因此要常常恒切地祈祷。不要因为祈祷蒙了应许就不再敬虔度日，因为你心里若注重罪孽，神就不会垂听你的祈祷，也不会接纳你。

因此，选择了合法的职业，让你的心灵受到圣经原则的影响，借着神的恩典，具备了工作中所需的坚定的决心，让圣经成为你常常研读的书籍和生活的指南，恒切祈祷，寻求神的祝福——做到这一切之后，你就可以安心工作，竭力担当工作中的责任，尽自己的本分。以下几章的内容会帮助你明白，在正常情况下该如何尽本分。

相关的教导

"至于我，我必仰望神，把我的事情托付他。"（《约伯

记》5章8节）

"那时，我在亚哈瓦河边宣告禁食，为要在我们神面前克苦己心，求他使我们和妇人孩子，并一切所有的，都得平坦的道路……所以我们禁食祈求我们的神，他就应允了我们。"（《以斯拉记》8章21、23节）

"我们也不知道怎样行，我们的眼目单仰望你。"（《历代志下》20章12节）

"你要专心仰赖耶和华，不可倚靠自己的聪明……不要自以为有智慧，要敬畏耶和华，远离恶事。"（《箴言》3章5、7节）

"人心筹算自己的道路，惟耶和华指引他的脚步。"（《箴言》16章9节）

"耶和华啊，我晓得人的道路不由自己；行路的人也不能定自己的脚步。"（《耶利米书》10章23节）

"因为耶和华论到从这地方出去的犹大王约西亚的儿子沙龙，就是接续他父亲约西亚作王的，这样说：'他必不得再回到这里来。'"（《耶利米书》22章11节）

"你们行事若与我反对，不肯听从我，我就要按你们的罪加七倍，降灾与你们……我就要发烈怒，行事与你们反对，又因你们的罪惩罚你们七次。"（《利未记》26章21、28节）

"不劳而得之财必然消耗；勤劳积蓄的必见加增。"（《箴言》13章11节）

"因为智慧比珍珠更美，一切可喜爱的，都不足与比较。"（《箴言》8章11节）

"不义之财毫无益处，惟有公义，能救人脱离死亡。"（《箴言》10章2节）

"撒罪孽的，必收灾祸，他逞怒的杖，也必废掉。"（《箴言》22章8节）

"惟愿他们存这样的心敬畏我，常遵守我的一切诫命，使他们和他们的子孙永远得福……耶和华你们神所吩咐你们行的，你们都要去行，使你们可以存活得福，并使你们的日子在所要承受的地上得以长久。"（《申命记》5章29、33节）

"现在你们要敬畏耶和华，诚心实意地侍奉他，将你们列祖在大河那边和在埃及所侍奉的神除掉，去侍奉耶和华……百姓回答说：'我们断不敢离弃耶和华去侍奉别神。'"（《约书亚记》24章14、16节）

"有何人喜好存活，爱慕长寿，得享美福……要离恶行善，寻求和睦，一心追赶。"（《诗篇》34篇12、14节）

"我儿，恶人若引诱你，你不可随从……我儿，不要与他们同行一道，禁止你脚走他们的路。"（《箴言》1章10、15节）

"我儿，不要忘记我的法则，你心要谨守我的诫命。因为他必将长久的日子、生命的年数与平安加给你。不可使慈爱、诚实离开你，要系在你颈项上，刻在你心版上。这样，你必在神和世人眼前蒙恩宠，有聪明。"（《箴言》3章1–4节）

"不要自以为有智慧，要敬畏耶和华，远离恶事。这便医治你的肚脐，滋润你的百骨。你要以财物和一切初熟的土产尊荣耶和华。这样，你的仓房必充满有余；你的酒榨有新酒盈溢。我儿，你不可轻看耶和华的管教，也不可厌烦他的责备；因为耶和华所爱的，他必责备，正如父亲责备所喜爱的儿子。得智慧、得聪明的，这人便为有福。因为得智慧胜过得银子，其利益强如精金，比珍珠宝贵，你一切所喜爱的，都不足与比较。她右手有长寿，左手有富贵。她的道是安乐，她的路全是平安。她与持守她的作生命树，持定她的俱各有福。耶和华以智慧立地，以聪明定天，以知识使深渊裂开，使天空滴下甘露。我儿，要谨守真智慧和谋略，不可使她离开你的眼目。这样，她必作你的生命，颈项的美饰。你就坦然行路，不至碰脚。你躺下，必不惧怕；你躺卧，睡得香甜。忽然来的惊恐，不要害怕，恶人遭毁灭，也不要恐惧，因为耶和华是你所倚靠的，他必保守你的脚不陷入网罗。你手若有行善的力量，不可推辞，就当向那应得的人施行。"（《箴言》3章7–27节）

"我儿所罗门哪，你当认识耶和华你父的神，诚心乐意地侍奉他；因为他鉴察众人的心，知道一切心思意念。你若寻求他，他必使你寻见；你若离弃他，他必永远丢弃你。"（《历代志上》28章9节）

"我们所夸的是自己的良心，见证我们凭着神的圣洁和诚实，在世为人不靠人的聪明，乃靠神的恩惠，向你们更是这样。"（《哥林多后书》1章12节）

"你要逃避少年的私欲，同那清心祷告主的人追求公义、信德、仁爱、和平。"（《提摩太后书》2章22节）

"又劝少年人要谨守。"（《提多书》2章6节）

Chapter 3

第三章
审慎与明智

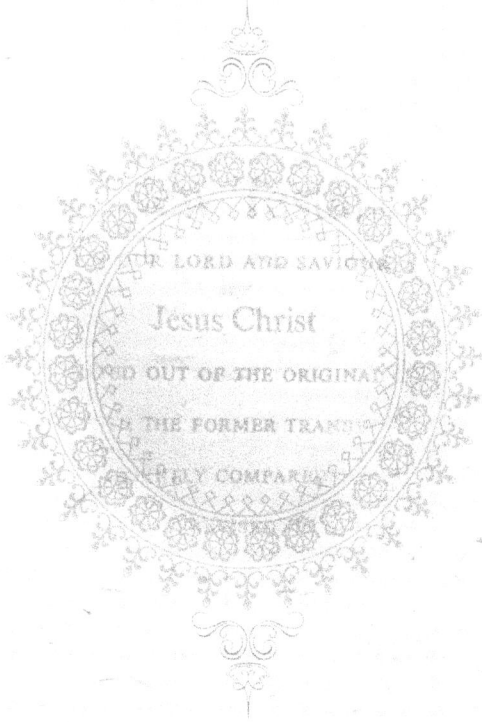

何为审慎

要想在工作中获得快乐，使事业蒸蒸日上，首先必备的就是审慎和明智。工作中的审慎要我们养成良好的习惯，在处理事务和行事为人时永远使用最有智慧和最好的方法。换言之，审慎就是在最恰当的时机、用最好的方法追求正当的目标。审慎并非像毒蛇般诡诈，潜伏着等待时机，捕获粗心大意的人，欺骗轻信的人，强迫头脑愚笨的人跟随，教导人靠着不义和欺诈增加财富。神赐予人卓越的智慧和技巧，并非要达成与他的本性、他的旨意和人类的利益相悖的目的。审慎是一种诚实的智慧，与人的良知没有任何冲突，而且还能给良知锦上添花。

审慎是除去了卑鄙和不义的狡猾，狡猾则是被卑鄙和不义所玷污的智慧。智慧如悦人眼目的光芒，使人心灵苏醒，让人高高兴兴去生活，也使人生道路变得开阔和明朗。审慎使我们顺服神，因此就能够获得和享受许多益处，是通过其他方法无法获得的。审慎也使我们逃避许多容易遭遇的邪恶和困境。审慎使人从深思熟虑的忠告、聪明睿智的深谋远虑、坚定不移的毅力和有条不紊的行动中获得益处，也使人远离盲目无知和愚昧、错误的判断和推论、随意轻信和盲从、鲁莽和轻率的行事以及毫无定见的目标与追求所带来的问题。审慎赋予我们对成功合理的期待，也使心灵在获取成功的过程中得以安静。神赐予人思考的心灵、睿智和远见，这是其他被造之物所没有的。那行事愚昧的就是在贬低人性、效法兽性。许多人都因不明智、缺乏分辨力而毁灭，这完全出于他们自己的鲁莽、轻率或软弱。但是，我们的目标正确、方法得当，就可以期待神全智和良善的旨意使我们健康成长，那时我们的幸福就是双倍的；倘若遭遇失望和失败，我们也不会因为是自己的愚蠢导致失败而感到深深悔恨和痛苦。

我们不能唐突地假设，我们的智慧和审慎能够控制和超越神的供应，或者可以让我们不再依靠神。审慎使我们避免自我毁灭。审慎和智慧也是宇宙万物的主宰用来赐下成功和幸福的方法，行在其中就会有平安与福乐。

在工作中，深思熟虑的头脑与勤奋劳苦的双手缺一不可，但是前者明显要比后者重要。

工作中哪些地方需要审慎

思考和了解了审慎与明智的性质和优点之后，我们来看看，工作中我们要在哪些领域多加注意。

知识方面的装备

要想全面了解自己的工作，就要了解工作的各个基本环节，以及合理合法的工作方式。你要认真掌握自己经营商品的性质和品质、购买和出售商品的合适的时间与地点、每种商品数量多少有可能带来最大利润、生产货物的最佳方法以及成功的妙招，不仅要详细研究，而且要完全理解。让别人骄傲去吧，他们或者为拥有与本行业无关的知识而骄傲，或者因为打探到别人的行为和心中的挂虑而骄傲。你要记住，智慧人通晓自己当行的道。你的行业和工作才是你应该好好了解的，你也应该让自己的头脑和能力在工作中不断得到锻炼，神和他人都不会因为你不擅长做其他人的工作而责怪你。你在学习期间应该以此为目标，通过观察和学习，认真积累行业相关知识，不要以持续不断地学习技能为耻，一个知识贫乏的人不会因为运气好、动手能力强而成功。如果你不学习，你的事业就会像一艘豪华游轮，被笨拙的水手驾驶着，很快就会沉船或迷失方向。还有，所有老板都要诚实和恳切地指导自己的员工，让他们学会本行业中合法的盈利秘诀。根据协议，本着公义和道义的原则，老板有责任这么做。

环境因素的考虑

我们在工作中要审慎地考虑几个外在因素。

天时——选择对生意最有利的时机，因为"凡事都有定期，天下万物都有定时"（《传道书》3章1节）。买有时，卖也有时，这是每个明智的生意人都要遵守的规则。生意前景的不确定性、商品价格的浮动，常常由一些始料未及、难以预知的因素决定，连最具远见和洞察力的人也无法测透。但是在价格便宜的时候买入货物，价格上涨的时候再卖出去，是永不改变的审慎的标准——还有，注意不要大量购买价格昂贵的货物，或价格起伏波动较大的货物。我们无法预知未来，但是我们具备分辨的能力和智慧，这能够引导我们，并帮助我们获得成功。

地利——审慎的人会选择对工作最有益处的场所，然后固定下来。家庭的舒适便利要为工作的便利让路，人的想象力应该受到判断力的规范和限制。对于某个行当来说，某个场所可能合适、便利，但是对于另外一种工作来说，这个地方可能会招致贫穷。漂亮的房子、优雅的环境甚至可能是低廉的租金，都有可能对顾客有利。

人和——在选择人员时要非常谨慎。首先，要选择值得信赖的人，因为发光的不一定都是金子。人常常具有欺骗性，有许多人把骗人当作自己的职业，伺机掠夺粗心的和轻信的人，以此来致富。因此，宁可多花些时间，了解对方是否值得信赖，也好过因为相信了不可靠的人，给自己带来不必要的痛苦。我们可以肯定，对有些人的信赖是因为他们审慎明智，对另外一些人的信赖是因为他们仁慈宽厚，所以，那些既不审慎明智也不仁慈宽厚的人，他们不值得信赖。其次，要和有良知的人或者至少是诚实的人交往并成为好友，这样的人要比其他人更加稳妥。品德良好的人，总是比流氓恶棍更加可信和可靠。他们在人群中的名声，能够让你了解他们的为人处世之道。最后，虽然我们对所有人都要友善，却只会和几个人深交。他们或者是让我们得益处的人，或者是从我们这里得益处的人。虽然能够深交的人并不很多，因为正常的工作不会允许你有太多的交往时间，但你要对许多人尽到朋友的责任。所以，要让那些明智、审慎、有美德和良善的人成为我们的朋友，因为按照前辈的经验，再没有什么人比我们的同伴对我们的未来产生的影响力更大了。"与智慧人同行的，必得智慧；和愚昧人作伴的，必受亏损。"（《箴言》13章20节）

大事要三思

审慎也当体现在对重要事务的深思熟虑上。显然，即使是足智多谋的人也会因为鲁莽的决定招致毁灭。他们既没有考虑到适当决定所必需的各种条件，也没有想到决定会带来哪些可能的后果，只是因为看似可行的外在因素，就冲动鲁莽地做出决定，最终给自己和家庭带来无法挽回的毁灭性打击。支配和引导他们行动的，并不是审慎和理智，乃是幻想与激情。还有的人因为心中不安踌躇，失去了机会，等到他们做了决定之后，合适的行动机会已经错过了。因此，要根据事务的重要性和困难程度，以及允许的时间限度，适当地进行考虑和思索。倘若时间允许的话，用一个晚上的时间来考虑，经过夜晚的思考，再加上清晨的重新思索和回顾，在某种程度上会产生一个成熟的决定，可以作为公正明智的解决方案。对于微不足道的小事来说，花太多时间去思考，不免有些不够成熟和不必要。然而，不论大事还是小事，谨言慎行总是要比快速做决定好很多，也会避免很多危险和伤害。

有自知之明

要根据自己的能力选择相应的事务。

首先，要考虑到头脑的能力。不要让自己的理解力或记忆力超负荷运转，否则人的头脑会像过度拉伸的弹簧一样失去弹性。一艘修建得非常坚固、装备完善而且平衡能力很好的船只能够承载许多货物，但若是负载过重的话，就会沉没。有些人的能力要比其他人更强大，但是没有一个人具备无限的能力。因此，当你工作负载过重、无法服侍神、不能享受美好的生活的时候，当你没有时间吃饭睡觉、整天心事重重、无心祈祷的时候，就是你应该减轻工作压力的时候了。要注意缩小工作范围。

其次，要考虑到身体的能力。不要承担超过身体力量的事情。因为，超负荷工作常常源于贪婪，想要把所有一切都抓在自己手中，人因此沦为工作的奴隶。超负荷或者使雇佣他们的人因为失望而感到受伤，或者使他们自己因为过度劳累而受到伤害，不仅扰乱他们自己内心的宁静，也会损害他们的健康和体魄。这样的人当知道，他们需要花一部分时间和精力去敬拜神和关注永恒，我们的身体是圣灵的殿，不要让自己的身体被世界所奴役。神的供应并不需要任何一个人过分劳苦，对于那些因为贪财而拼命工作的人来说，神也能使他所有的劳作变成虚空。

最后，要考虑到自己的财力，不要在自己承受不了的情况下冒险投资。在某些情况下，肯定能够获得高额利润，或者至少可能性很大，那么就可以超出基本限度，增加进货和扩展生意。然而，每个有智慧的人在这件事上都会非常谨慎。我无法想象，在没有提前通知债权人自己投资的性质和风险并获得他们的首肯之前，一个诚实的人怎么可能擅自做出决定。那样的话，他该怎样面对神和自己的良心呢？因为很有可能发生始料未及的损失，或令人失望的事情，你有什么权力在未经别人同意的情况下就毁掉他们，或者至少是使他们蒙受巨大损失？骄傲和贪婪常常是人冒进的动机，这是每个审慎之人应该警惕的。水流能够让一台磨粉机转得飞快，但推动两台的话就会太吃力了；同样，一个人可能在经营小规模的企业时显得游刃有余，倘若扩大规模的话，就会变得混乱和焦虑。此类故事常常以悲剧结束，那些贪得无厌的人到头来要靠着别人的施舍才得以维生。

要节制开支

要管理自己的支出。人一方面不应该刻薄吝啬，生活水准远远低于收入水平，剥夺自己和家人享受舒适生活的权利；另一方面，也应该多加注意，不要让自己的支出超出应有的额度——即使我们没有预言未来的能力，也可以轻松得知这样的行为带来的悲惨后果。

奢靡的生活就像是慢性发烧，摧毁人的心灵和活力，等到它越来越严重，就将置人于死地。要过奢侈的生活，必须具备两样东西：信誉和资金。因此，在工作中苦苦支撑的人，其实根本无力维持这样的生活。现在，我们的国家形成了一种骄傲的氛围，尽管生意上和工作中遭遇种种困境，人们仍然被骄傲所刺激，过度消费。我甚至认为，把这种消费的狂潮称作瘟疫是很恰当的——穷人想像富人一样生活，富人想像大人物一样生活，大人物想像伟人一样生活。因此，整个国家此刻都处在歌舞升平的享乐中，最终结果如何？时间会告诉我们。

有些人沦为口腹之欲的奴隶，把用头脑和双手赚到的一切全部用来满足肚腹。还有些人显摆自己昂贵的房产和家具、价格高昂的服装，或是参加各种奢华的娱乐活动，以此为傲。

他们因此耗尽所有，让债权人和员工因为他们的不义和奢侈感到愤怒。很多人因为过分热衷于享乐，导致了各种不必要的额外支出，给自己带来毁灭。每个人在面对消费的狂潮时都会发现，自己的决心根本不足以抵御邪恶的洪流。但是审慎的态度会教导他，生活标准应该低于自己的收入，而不是高于收入，这样做就不会在将来遭遇失望和困境。人若让自己的人生起点活得好像终点一般，那么很快就会面对人生的终点，下场连起点都不如。

全面掌控工作状况

审慎会让人常常检查自己所做事情的全盘状况，这样，你就能够知道自己是否盈利、盈亏几何。常常检查自己灵魂的状态尤为重要，不这么做的人或者生活得不如意，或者在信仰上一贫如洗。同样的检查方法也适用于世间的事物，因此，你应该在账本上明确记录各项收支情况，简单明了地掌握全局。你若是发现自己的储蓄增长，不仅应当感到满意和快乐，也应该为此而感谢主祝福你的劳动。若是你看到收支平衡，就应该在来得及改变的时候，更加节约并勤奋工作。若是你的储蓄减少，就有责任查找问题的原因，看看哪项超支了、哪项支出不够谨慎，并且调整以后的行为。还要特别反省一下，自己是否对神犯罪，是否忽略了主日崇拜、没有周济穷人，或者行了不公义的事情。不要惹动神的愤怒，他会使你所有的劳作都成空，让你所得的利润也尽都消散。"你们若不听从，也不放在心上，将荣耀归与我的名，我就使咒诅临到你们，使你们的福分变为咒诅；因你们不把诚命放在心上，我已经咒诅你们了。"（《玛拉基书》2章2节）因此，你们要省察自己对神和对人的行为，也要检查自己各项事务的状况，因为自己检查帐目要好过政府官员来替你检查。请允许我再说明一点：你若是发现自己的资金不足以偿还债权人，那么本着公义和审慎的原则，你就应该及时停止现在的生意。这样，你诚实的声誉能够得以保存，甚至连你的债权人也愿意在你将来的事业上协助你成功。

谨防冲动

审慎也包括在工作中容易冲动的事情上控制自己。冲动和激情会自然产生，但是管理和约束极端情绪，就是拥有智慧与美德的结果。成为情绪的奴仆，就像成为真正的奴隶一样痛苦。工作中的人们常常因为几种原因受到冲动的捆绑：有时，不满足会轻易俘虏他们，因为运气没有向他们招手，或是他们的产品没有得到大家的青睐；他们也常常对嫉妒屈膝，因为看到别人比自己更加成功、生意更加兴隆、顾客更多、信用更好；人性中原本为抗拒邪恶而存在的恐惧，也会使他们的心情起伏不定，十分沮丧。只有审慎才能够帮助我们灭绝这些极端情绪。尽到自己的本分，根据最佳判断行事，之后就不要再为事情的结果折磨自己，放心地把自己和所有的挂虑交托神，并信靠他智慧和良善的供应。但是，对人类目前和永恒的福祉来说，愚蠢的希望往往要比没有根基的恐惧更加致命。恐惧虽然令人感到不适，但是能够给人的心灵带来活力和行动力，使人不至于找理由犯罪。然而，愚蠢的希望让我们停留在致命的安全感和虚无的设想中，有多少人因为这虚空的希望被毁掉！某个宏伟的计划从远处看来光辉灿烂，他们克服重重困难去追求，但是等到快要接近和实现的时候，就像过眼烟云般消散了。有些人会对富有朋友的死亡或某个不确定的偶然性充满期待，他们沉浸在想象中，忽略了自己的工作，生活标准超过自己现有的能力可以达到的，就像寓言故事中的狗一样，放弃了自己现有的一切，去捕捉虚幻的影子。是啊，那些不过是可怕的迷恋和幻想罢了。虽然他们感受到自己的低迷和沦落，但是他们用这些愚蠢的盼望支撑自己，直至有一天，他们既无法避免自己的沉沦，也无法挽回局面，回到从前。

另外一个普遍存在的情绪问题就是暴躁易怒。一个人的性格和工作情况都和这个问题有关系，需要智慧和审慎来加以控制。一个聪明人在大发雷霆之前会思考一下，看看自己是否有充足的理由发火，或者发火是否能够带来更好的结果。他会分析当时所处的环境以及对方的承受能力，会等到自己头脑冷静之后，才表达自己的不满情绪。这样，他就会做到公正和怜

悯，也能够发怒而不犯罪。虽然顾客可能会惹火他，员工可能
会游手好闲、不忠心，亲戚会吵闹不休、暴跳如雷，然而拥有
敬虔的智慧和审慎的人会感到内心平安，外界环境不会侵扰他
的内心，不会影响他管理日常事务，也不会使他改变自己对待
顾客的态度，更不会令他粗暴无礼。因为越是按照智慧行事的
人，就越不容易受到激动和冲动的辖制，这是放诸天下皆准的
公理。

反复衡量各项开支

每个人都应该注意观察各项超支费用。一个审慎的人会观
察不同国家中不同商品的价格起落，然后根据自己的情形订购
货物。倘若在每个行业中已经有了固定、常用的方法和流程，
这些事只要有点智慧就能够完成；然而，在许多行业中事实并
非如此，这就需要我们运用理性、观察和经验，来确定是否应
该扩大营业、签订销售合同或者应该往哪个方向发展。记住，
我们当按着公平和宽厚的原则对待别人，不要利用自己的洞察
力和判断力去欺骗和小瞧那些缺少知识和见识的人。另一方
面，对于自己力所不能及的事情，也不要记挂在心上。我们应
该知道，目前的责任和本分是我们当尽的，以后的事情是神的
责任。我们不论在工作中遇到什么困难，都要高高兴兴，以忍
耐之心顺服神的智慧和管理，坚持相信他的良善，殷勤尽自己

的本分，勤奋努力地工作，希望我们的损失能够因着自己心灵的平安和喜乐以及神供应的祝福得到补偿。

善于吸取教训

特别要审慎，不要重蹈覆辙，与别人犯同样的错误。别人在工作中的每一个失败都是我们的教训，我们最好从别人的失败中吸取经验和智慧，而不是等到自己失败了才幡然醒悟。要把眼光放长远，分辨何处有暗礁、哪里有流沙。要利用自己的智慧，规避别人曾经经历的危险。我们来看几个相关的例子。

第一，管理公司。我现在并没有从信仰的角度来看这件事，乃是从审慎的角度。从审慎的角度看来，有多少管理问题造成了生意的破产！忽略生意就会失去生意，一个人若是擅离职守，就没有权利期待成功。海阔天空的闲聊肯定会占用很多时间，人们常常会为此付出更大的代价。但前者的损失要比后者更加致命，因为金钱能够再赚回来，但是时间一去不复返。你不在岗位上的时候，可能会有一个大客户赶来购买东西，发现你不在，就会去别处购买。或是有个始料未及的大买卖，机会一旦失去了，就不会再来。员工们也会群龙无首，他们若是不忠心、玩忽职守，就会侵吞公款、不尊重顾客、毁坏货物、酿下大错。即使员工勤奋、遵纪守法、忠心耿耿，也可能会带来巨大损失。这个说法乍看可能会显得很奇怪，但实际上很好理解——老板不在的时候，员工就会代替老板迎来送往、接待客户，在他任职期满，或是自己另起炉灶的时候，必然会把客户带走。一个人若是只满足于自己在公司中垂帘听政，而不真正掌握权柄，等到他的才干和创造性枯竭、替他管理公司的人离开之后，他所剩下的也就只有阴影了。你要坚守工作岗位，货物要好，价格要公道，举止要文明。我敢保证，在神的祝福下，你肯定会成功。不要什么都做，东一榔头、西一棒子，不仅浪费了时间和金钱，也忽略了员工和家人。这些其实就是灵魂堕落、败坏和恶行带来的后果，要比其他事情更可怕。凡是在这样的危险中不谨慎的，就会面对致命的后果。

第二，做担保人。虽然在必要的时候做担保人没有什么不合法的地方，但是要特别小心和谨慎。如果我们具有充分的理由，不会给自己和家庭带来损害，也不会扰乱自己内心的平静，在出现问题的情况下，能够像偿还自己的其他债务一样替自己担保的人偿还债务，那么就可以去做。因为，当借债的人破产、无力偿还债务的时候，法律上和道义上的全部责任就都落在了担保人身上。谁愿意担当这样的责任？倘若你说，拒绝对方的请求，你们彼此之间就不再存在友谊和贸易往来了，那么我的回答是，虽然你不做担保，可能彼此就不再有生意往来，但是让别人做担保的想法和意愿若出于骄傲和贪婪，就最终会带来毁灭。不过，你也可以用更安全的方法做生意，而且不见得做得会比从前吃力。倘若借债的人谨慎而且正直，那么债权人只需要他一人的保证就可以了，而不需要把另外一个人和他绑在一起。倘若借债的人并非如此，那么我相信他也不配获得你的信任。倘若作保的责任落在你身上，拒绝对方让你显得不够朋友或者缺少感恩之心，那么你要好好斟酌一下，尽量以其他方式帮助对方，让他们知道，你拒绝作保并非由于你不尊重对方，或者你们的友谊出了问题。因为，这个乞求你作保的人可能已经深陷债务的泥沼，只是你不知道实情而已。或者他欠别人的债，已经超出了他的偿还能力；或者他不像你想象中的那么公正和谨慎；或者他毕竟是人，在他撒手人寰的时候，终究会把所有财产和债务都留下，让你深陷其中——这即使不会给你带来毁灭性的打击，也会是很大的伤害。这些说法并非空穴来风，也非捕风捉影的无稽之谈，而是每天都会发生的现实。"不要与人击掌，不要为欠债的作保。"（《箴言》22章26节）"我儿，你若为朋友作保，替外人击掌，你就被口中的话语缠住，被嘴里的言语捉住。我儿，你既落在朋友手中，就当这样行，才可救自己；你要自卑，去恳求你的朋友。不要容你的眼睛睡觉，不要容你的眼皮打盹。要救自己，如鹿脱离猎户的手，如鸟脱离捕鸟人的手。"（《箴言》6章1–5节）

我的意思并不是说，即使经过审慎的调查，也不可作保。我要提醒的是，不要未经考虑就鲁莽地做出决定，替别人作保。这样的决定已经给许多人带来可怕的后果，甚至是致命的打击和毁灭。

第三，赌博。赌博是个恶习，毁灭了许多人，要坚决杜绝。许多人花大量时间在这种无聊的事情上。我认为，扑克牌或者其他这类游戏都常常使人忽略自己在信仰上、个人生活中和家庭里当尽的本分和义务。但是我主要针对危险的赌博游戏，因为那些人已经不再把它当作消遣，而是一份专门的职业，在其中投入大量时间和金钱，于情于理都说不通。你要给自己定一个原则，对于任何一种休闲活动，都不要玩物丧志，不可超过娱乐的界限，因为一旦过度，就是来自那恶者的攻击。虽然还有许多其他恶习，都会给你带来毁灭性的打击，但是赌博和作保这两桩蠢事能够在瞬间毁掉你。许多人在短短的几小时之内就毁掉了自己和自己的家庭，再也无法恢复元气。因此，不要让任何试探或者短期致富的想法引你走上歧路，违背神的律法，背弃友谊和关爱，踏上一条毁灭和破坏性的不归路。"不可行恶人的路，不要走坏人的道。要躲避，不可经过，要转身而去。"（《箴言》4章14-15节）除非你已经补偿了曾经伤害过和欺骗过的人，否则，不要以为自己手中的财富完全属于你自己。

　　审慎也使你避免不必要的好奇心，让人不会忙于管别人的闲事。每个人都有自己需要做的事情，要把大量时间和金钱放在照顾家庭、做敬虔的事情上，好为神所悦纳。并且，他还要怜悯和周济困苦之人，或者对朋友和亲友示好，或者承担工作中必要的责任。但是，除非有正当的理由和别人的恳求，干涉别人的事务并非明智之举。这种无聊的喜好会占用大量的时间，而且还不能带来任何益处。首先需要谨慎的是，不要过分热衷于国家时政。许多人在这方面并不明智，放纵自己投入大量时间，因此他们明白许多政治上的知识，对政治人物私下的观点和看法也很熟悉，还知道许多秘事，他们因此也会对自己并不了解的事情妄加评论。他们会在领导人所做的每件事情上挑出毛病来，指手划脚地说明每个错误是因为谁的无知或不认真所导致的，或者为自己知道某个计划或法令是因为某种原因产生而沾沾自喜。这样做不仅显得非常愚蠢，而且还致使别人忽略他们的正当职业。连最谨慎、最必要的举措，他们都煽动别人起来抵制。这种无聊的放纵行为，渐渐唆使和策动他们悖逆、反叛。你要努力履行自己的职责，通过审慎合宜的方法倡导公共利益，但是不要让任何假装的敬虔、华而不实的表面现象或是巨大的压力欺骗或征服你，使你扰乱社会治安，不尊重领导人或管理者，或者着手修正你认为不合理的法律或规则。让神来管理全世界，让地方官员去管理属于他们自己的事务。你的任务就是要欢欢喜喜地顺服，或者安安静静地忍耐。"你们若为基督的名受辱骂，便是有福的，因为神荣耀的灵常住在你们身上。你们中间却不可有人因为杀人、偷窃、作恶、好管闲事而受苦；若为作基督徒受苦，却不要羞耻，倒要因这名归荣耀给神。"（《彼得前书》4章14-15节）

尽本分、重义务

在安排日常事务时，审慎会引导你妥善处理，不仅不会妨碍信仰的本分与责任，而且还会将一切安排得相得益彰、彼此协调。与其他工作相比，有些工作的性质，使得人们没有那么多时间去敬拜神、操练敬虔。但是敬虔的基督徒不管自己的工作需要如何，都会拿出时间来，尽信仰中必要的、高尚的责任。他决不会因为关注今生的生活状况，就忘记关注另外一个永恒的世界。他的敬虔帮助他应对工作的需要，他的工作使他更加渴望敬虔的生活。他每周能够留出的那一点点时间，使他更加珍惜主日。因此，神会祝福他的工作，他会获得神所赐的智慧和美德，能够履行工作中的职责、承担工作中的重任。但是，缺乏审慎之心的人和不敬虔的人，常常会觉得基督徒的本分和工作的责任索然无味，因此给自己找各种借口来逃避——时间不合适、环境不好，或者在其中看到某些无法理解的情况。其实，倘若能够经过审慎的思考，以真诚的心去面对、解决，就能够把当尽的责任变成最快乐、最有益处的事情。

缺乏审慎当受谴责

综上所述，我们知道了审慎在工作中的重要性。审慎要比财物和朋友更重要，能够使人具备亲和力去帮助别人，自己也能从中获得满足和快乐。因此，我们应该尽力培养审慎这一优秀品质。的确，聪明是与生俱来的，每个人的聪明程度不同。

但是聪明也和其他能力相同，可以通过训练得到提高。认真观察事物的出现和发展，推断其可能的后果，对人很有益处；但是，重要的是要控制自己的情绪，不至于使自己出现判断上的偏见和误差，也不至于未经思考就妄下结论，或者对于重大和困难之事没有给予足够的重视。因为，总体说来，草率的决定并不是因为缺乏判断事物本质和后果的能力，而是因为冲动和鲁莽而匆忙做决定。若是给自己一些时间，进行冷静和成熟的思考，就不会发生类似的事件了。

培养审慎之心

通过自己周围发生的事情，向他人学习，你就能够更有智慧。每个人的兴旺和衰败，都可以成为你学习的功课和教训。所罗门这样学到了智慧："我经过懒惰人的田地、无知人的葡萄园，荆棘长满了地皮，刺草遮盖了田面，石墙也坍塌了。我看见就留心思想，我看着就领了训诲。再睡片时，打盹片时，抱着手躺卧片时，你的贫穷就必如强盗速来；你的缺乏，仿佛拿兵器的来到。"（《箴言》24章30-34节）

你可以咨询智者。倘若你愿意学习，就能很快了解别人通过长期观察才学到的东西。不要以为只有通过自己的能力，才可以学到各种方法、掌握智慧和审慎的规则。要选择与智者同行，而不是混迹在愚人中洋洋自得，因为倾听智者的忠告，且能够给他人以忠告的，才是有智慧的人。

你也可以研读圣经，这是全智的神的话语。你能够在其中找到与生活每种境况相吻合的智慧格言。特别是《箴言》，这是神的圣灵默示的话语，为要教导年轻人知识与分辨力。因此，每个敬虔的人都当常常在这本书中寻找智慧，即使受到苏格拉底和西塞罗熏陶的文明世界，也会因为缺乏神的默示而越发渴望神的话语。

你应当祈求众光之父来指教你，因为他"赐人智慧，知识和聪明都由他口而出"（《箴言》2章6节）。他也说："你们中间若有缺少智慧的，应当求那厚赐与众人、也不斥责人的神，主就必赐给他。"（《雅各书》1章5节）他知道万物之间的关联，他能够影响你的头脑，也可以引导你的思想，他能够拯救你躲避人际关系中以及信仰上致命的错误，帮助你脱离这样或那样的试探。神所赐的智慧超过人的所求，那些常常仰赖他的，很有可能就是拥有智慧的人，这智慧是神所喜爱的。

正确的审慎之心

我所倡导的是诚实和令人敬佩的审慎与智慧，而不是诡诈和狡猾。任何一个人都不应假装有智慧，去欺骗他人，或是欺骗容易上当的好心邻舍，来一逞自己贪婪的野心。这是来自下面的智慧，只能使人走向地狱，因为"不义的人不能承受神的国”（《哥林多前书》6章9节）。使徒保罗也补充说：“不要自欺。”要谨慎自己的行为和交往的人。暂时的利益会蒙蔽人的头脑，使他们对自己的罪和危险没有丝毫觉察。为了暂时的蝇头小利而背叛神、损害邻舍并毁坏自己的灵魂，无论这些人认为自己如何智慧及审慎，事实上，全世界再没有比他们更愚蠢的人了。

相关的教导

“施恩与人、借贷与人的，这人事情顺利。他被审判的时候，要诉明自己的冤。”（《诗篇》112篇5节）

“我儿，要留心我智慧的话语，侧耳听我聪明的言词，为要使你谨守谋略，嘴唇保存知识。”（《箴言》5章1–2节）

“我智慧以灵明为居所，又寻得知识和谋略……我在公义的道上走，在公平的路中行。”（《箴言》8章12、20节）

“明哲人嘴里有智慧，无知人背上受刑杖。智慧人积存知识，愚妄人的口速致败坏。”（《箴言》10章13–14节）

“扰害己家的，必承受清风，愚昧人必作慧心人的仆人。”（《箴言》11章29节）

“凡通达人都凭知识行事，愚昧人张扬自己的愚昧。”

（《箴言》13章16节）

　　"智慧妇人建立家室，愚妄妇人亲手拆毁……通达人的智慧，在乎明白己道，愚昧人的愚妄，乃是诡诈……愚蒙人是话都信；通达人步步谨慎。"（《箴言》14章1、8、15节）

　　"智慧人家中积蓄宝物膏油，愚昧人随得来随吞下。"（《箴言》21章20节）

　　"房屋因智慧建造，又因聪明立稳，其中因知识充满各样美好宝贵的财物。"（《箴言》24章3-4节）

　　"我差你们去，如同羊进入狼群，所以你们要灵巧像蛇，驯良像鸽子。"（《马太福音》10章16节）

Chapter 4

第四章
殷　勤

殷勤的本质

工作中的殷勤，就是一个人全身心地努力工作，让这种努力成为一种习惯；并且，要在闲散、游手好闲、对什么都好奇与过度劳苦、没有节制的操劳之间，保持合理的平衡。基督徒的殷勤和其他人没有太大差异，但是它源于更美好的原则，也导向更美好的目标。恶人不敬畏神，因为他们不认识神，也不会为神而活。他们所有的劳苦的目标都是为了自己，他们的口腹之欲和各种欲望，就是他们行事为人的主导方向和目标。但是，对于义人来说，不论他们的人生岗位是什么，他们都会把自己看作神的仆人，让神的话语成为自己的工作准则，把尊崇神作为工作中的最终目标。因此，义人的殷勤不仅出于对报酬的期望，也出于责任感。殷勤的美德主要表现在以下几个方面。

殷勤发挥才干

殷勤的人会全身心投入自己的工作。不论你拥有何等高深的智慧、睿智的判断力和灵巧的创造能力，都应该运用在工作中。虽然有些工作对你的能力和才华要求更高，但所有工作都有施展才华和能力的空间。即使用在最卑微的工作中，也好过用在不荣耀神或是伤害他人的邪恶之事上。既然你具备强健的体格、思维敏捷的头脑、强壮的双臂和灵活的头脑，就要用你的能力在工作中服侍主，因为你正是为此才被赋予这些能力。神命定人在一生中要诚实劳作，使身体强壮、头脑不致愚钝。勤奋工作能够使人冷静沉着，不至于把激情浪费在无用的事情上，因为工作越是勤奋，情欲和不法的事情也就越不可能发生。其实，这并不意味着，我们要把所有的力量都耗在一天的工作中，回家的时候心力交瘁。要适度地努力工作，讨神的喜悦，同时通过吃饭和休息恢复自己的体力和脑力。

殷勤工作，而不浪费时间

在工作中要好好利用时间，因为员工的时间是老板的，而老板的时间是主的，不是他自己的。敬虔的人应该认真使用时间，把时间进行好好分配。时光就像长了双翼一般，飞到时光的造物主那里，带去我们如何运用时间的记录。要过正常的生活，我们就要好好利用时间，不让自己变得越来越忙碌。只要健康许可，殷勤的人会早早起床，在全天工作、履行自己职责的情况下，也能够快快乐乐地安排好生意、家庭、朋友、个人学习和教导他人等各项其他事务。其他人的帮助只会徒增烦恼和浪费时间。

殷勤抓住机会

要殷勤抓住机会，因为殷勤也包括时时警醒和观察。有时候，重大事情可能就在转瞬间发生，要是能够抓住良机，自己辛勤的努力就会获得巨大回报。机会一旦失去，就不可能再来。因为万事都有定时，时机就如风和海潮一般，能够让人乘风破浪，轻松方便地达到目标。殷勤的人会认真观望时机。对于成功而言，细心和努力一样重要。倘若一个人不留心思考，并且注意观察时机，那么他成功的可能性就不会很大。

小事上也要殷勤

殷勤的人关注小事。许多小事出现之后，假以时日，都会变成大事。一个小顾客对服务感到满意，可能会介绍一个更大的客户。但是，倘若我们轻视小事，把小事留着不做，神必然会惩罚我们，用贫穷和缺乏报应骄傲和疏忽大意的人。智者会说："凡轻忽小事的人，必定会逐渐变得越来越糟糕。"如果有人愚蠢而虚荣，因此滥用创造主丰富的祝福，那么神就会把这些祝福拿走，赐给另外一个能够更好利用神恩赐的人。神知道，我并不是借此鼓励人要有贪婪之心或污秽的性情。我给出的建议是，殷勤地使用神赐予我们的一切去关注小事。常常小心关注，能够带来大量产业，也可以让原本收入很少的人比收入很多但随意乱花钱的人拥有更多财富。我们的主也通过自己的行为教导我们当怎么做。他用五饼二鱼喂饱五千人之后，吩咐将剩下的收拾起来，"免得有糟蹋的"，尽管他能够简单轻松地创造出食物。

殷勤抵制分心之事

我们不能忽略工作的责任而去追求消遣与业余爱好。我们的工作场合应该是自己喜悦的地方，若没有合理的原因，就不应该离开那里，因为我们的工作和利益都与此处相关。如果一个人到乡下或别处去休养，却把自己的工作和家人丢下，他必须给出合理的解释。许多家庭因此垮了，很多员工缺乏审慎思考，让老板替自己做决定，因此遭受打击。先生们，想想看，员工的父母相信你的能力和关爱之心，把自己的孩子托付给你，这里面包含了多么大的信任呀！还有，神的供应使你管理这些员工，你又该如何面对全能神的托付和信任？因为他们在为你做事，你是唯一能够监督和管束他们的人，神有一天会要你为他们交账。倘若你的能力远远无法承担所做的事情，或者这些事情对你而言变得艰难吃力，那么你最好把员工交付其他勤勉的人，而不是继续这样对待他们，这在某种程度上是在毁灭他人，也会得罪神。

殷勤能够帮助你不去浪费时间和财物。我们很难说消遣和业余爱好的度该怎么掌握，但是我们常常看到，许多人超越了殷勤和正直的尺度，更不用说信仰的尺度了。事实上，我们的确看到许多人应该待在工作岗位上，结果却出现在酒馆里，在娱乐场所花掉本来应该给家人以及资助别人的钱。殷勤要求我们，别把时间浪费在不必要的享乐和休闲上。凡事适度合理无疑是明智的，但是，倘若消遣和娱乐使人神魂颠倒，对工作造成危害，或者浪费财物，那么就必须弃绝了，至少应该加以限制。狗在尼罗河喝水时都会非常警惕，免得鳄鱼上来把它们吃掉；我们也要小心那些分散自己注意力的事情。

殷勤的人也会回避毫无意义的拜访。适当的拜访是维系友谊与生意所必需的，但是，无所事事、搬弄是非、专好打听小道消息、在背后对人品头论足或是在不知情的情况下对公共事务指手划脚之类的事，是殷勤的人需要逃避的。殷勤人的拜访应该简短、庄重和愉快，离开的时候给朋友留下欢乐，也让朋友期待着下一次的会面。

最后，殷勤的人应该规避不合理性的热心。我并不是要阻止操练敬虔与信仰敬拜，我们现今的文化在操练敬虔上其实相当冷淡。但是有些人身上有一种不适当的热情，使他们忽略了其他相应的社会责任。他们的家庭因为缺少照顾而出现很多问题，他们的工作也因为玩忽职守而搞得一团糟。很多分内的事情都没有完成，而且债台高筑。与此同时，他们却仍然四处奔波，听人讲道，参加各类圣经学习和讨论。这样的做法无论怎么说都是错误的。我并不是说殷勤的人不应该从日常忙碌的生活和私人的敬拜中拿出时间来参加集体敬拜。他们应该去，这样能够使他们的心灵更加欢欣鼓舞，也能够让他们得以休息。但是他会注意平衡听讲道与小组查经的时间，考虑以下三个方面的问题：（1）考虑自己心灵的能力，因为桶要是漏了，就不能再装水了；（2）考虑自己的工作，因为他在工作中能够很好地服侍主；（3）考虑如何反思和实践听道的信息，因为热心和奉献最终的目标是"在今世端庄、公义和敬虔度日"，最后安全喜乐地到达一个更美好的所在。

如何操练殷勤

　　敬虔的人应该积极操练殷勤。殷勤是神所喜悦的，也能够给我们在世间带来成功和福乐，殷勤的人常常得到丰厚的祝福。尽管财富常常被滥用，但是，毫无疑问，财富仍旧是一种祝福，否则它就不会成为神诸多应许中的一个主题。倘若财富和尊荣能够给你带来好处，那么殷勤无疑就是获得这好处的途径；正如懒散会招致贫穷，同样，殷勤能够带来丰足。无论我们在哪方面成功，首先就会给我们带来舒适的生活。我也要问每一个人，在工作中整日勤奋忙碌，难道不比在愚蠢和懒散中虚度光阴，更加给人带来内心的满足和宁静吗？殷勤工作也能够增加生活其余部分的乐趣，让食物和睡眠都变得更加甜美。但是，我要警告一点，不要把殷勤降格为贪婪，把美德变为咒诅，因此失去了奖赏和祝福。

要借着谦卑的祷告，求神因你的殷勤赐福给你，也因此把荣耀归给他，为神赐予的成功，满心献上赞美和感恩。主赐给你获得财富的能力，若是没有他的祝福，你起早贪黑、小心谨慎度日，都不过是一场虚空。主管理并影响他人的心灵，引导环境来助你成功。正是他的供应保守他所赐予的丰富，若非如此，会有许多祸患出现，使你很快一贫如洗。

让我们用一个明显的道理来结束本章的内容：殷勤在日常生活中尚且如此重要，那么，从信仰和永恒的角度看，殷勤岂不更加重要吗？懒散不仅是一个人目前贫困的原因，也是他将来痛苦的源头。懒散的人也不愿意经历得救时的痛苦，虽然信仰的劳苦都伴随着真正的甜美与愉悦。先生们，除掉这灵魂的瘟疫吧，不要因为在无所谓的小事上勤勉追求，使你在追求属天的、真正的财富上变得冷淡和怠惰。注意以下几个方面，使你在心灵上和工作上获得益处：

（1）用你所有的力量，认真去服侍主、爱主；

（2）这么重要的工作摆在眼前，就要好好善用时间，不要浪费或滥用时间；

（3）抓住每一个行善的机会；

（4）不要忽略他人看来渺小的事情，即使看似与神和永恒无关也不能如此，同时也不要纵容自己最微小的罪，因为一根针也可以像剑一样刺伤人，使人流血致死；

（5）要抵制让你从信仰上分心的爱好，不要让这个世界、肉体或者魔鬼吸引你的心，使你偏离对神的爱与责任，减少对灵魂得救的关注。

你要留心，不要让属灵的勤勉代替主耶稣基督的恩典和公义的位置，倘若这样的话，你一切在信仰上的劳苦都会变得徒劳，没有丝毫果效。因为使我们称义的，是主透过我们的信心赐下的美德，而不是你自己的好行为。帮助你履行基督徒本分和义务的，是主的恩典和力量，而不是你的机灵和能干。

相关的教导

"耶罗波安是大有才能的人。所罗门见这少年人殷勤，就派他监管约瑟家的一切工程。"（《列王纪上》11章28节）

"手懒的，要受贫穷；手勤的，却要富足。夏天聚敛的，是智慧之子；收割时沉睡的，是贻羞之子。"（《箴言》10章4-5节）

"耕种自己田地的，必得饱食，追随虚浮的，却是无知……殷勤人的手必掌权，懒惰的人必服苦……懒惰的人不烤打猎所得的，殷勤的人却得宝贵的财物。"（《箴言》12章11、24、27节）

"作工懈怠的，与浪费人为弟兄。"（《箴言》18章9节）

"懒惰人因冬寒不肯耕种，到收割的时候，他必讨饭而无所得……不要贪睡，免致贫穷；眼要睁开，你就吃饱。"（《箴言》20章4、13节）

"爱宴乐的，必致穷乏；好酒，爱膏油的，必不富足。"（《箴言》21章17节）

"你看见办事殷勤的人吗？他必站立在君王面前，必不站在下贱人面前。"（《箴言》22章29节）

"凡你手所当作的事，要尽力去作，因为在你所必去的阴间，没有工作，没有谋算，没有知识，也没有智慧。"（《传道书》9章10节）

Chapter 5

第五章

公　正

公正的本质

公正的本质关系到人与人之间的相处，主以属天的原则对此予以说明："所以，无论何事，你们愿意人怎样待你们，你们也要怎样待人。"也就是说，你期望在类似情况下，他人如何回应，那么你就要照样去对待别人。我们要养成公正对待别人的态度，对于真正的基督徒来说，公正与殷勤和其他美德一样，源自信心、敬畏以及对良善的热爱。因为公正不仅关系到某个特定的行为，而且和我们生活中的常态和心态相关。一个人可能因为恐惧脸色发白，或是因为羞愧而脸色发红，但是我们不能因此称他为白种人或者红种人，因为这不是他的常态，只是偶尔发生的情况。所以，那称得上"公正"的人，行为举止应始终正直如一，热爱公正并维护和实践公正，不论是否能够从别人那里获得认可与好评，也不管是否会妨碍自己的利益（《诗篇》15篇4节）。

我们肩负公正的责任

我们有责任要做公正的人，原因如下。

第一，人的良知和理性都强调公正。

人不是海中的鱼，不应彼此捕猎吞吃。每个人都希望别人能够公正地对待自己，所以理性要求他也同样公正地对待别人。这一原则显明在人的良知中，让人根本无法忽略，然而邪恶堕落的本性总是让人与良知背道而驰。罗马皇帝塞维鲁格外喜爱我们救主的"金律"："你们愿意人怎样待你们，你们也要怎样待人。"或说："己所不欲，勿施于人。"他把这句话当作自己的格言，在门上和建筑物上都写上这句话，把说这句话的主列在他的众神之中。而对于那些自称为基督徒的人来说，这句话是神说的，不仅要写在墙上，更要写在他们的心灵和生命中。

第二，神的道德律法明令我们公正行事。

这是律法第二块法版上责任诫命的总结，这其实也是自然律的另外一种说法。"不可贪恋"表达了公正的原则，"不可偷盗"则禁止我们有不公正和不光彩的行为。圣经反复重申同样的命令："你们所当行的是这样：各人与邻舍说话诚实，在城门口按至理判断，使人和睦。"（《撒迦利亚书》8章16节）

"不可欺压你的邻舍，也不可抢夺他的物。雇工人的工价，不可在你那里过夜留到早晨。不可咒骂聋子，也不可将绊脚石放在瞎子面前，只要敬畏你的神。我是耶和华。你们施行审判，不可行不义，不可偏护穷人，也不可看重有势力的人，只要按公义审判你的邻舍。"（《利未记》19章13–15节）神严厉惩罚并警告不顺服的人，强调公正的观念。在这个世界上，惩罚并不常见，但是有许多审判要存留到大而可怖的审判日来进行。基督的福音约束了所有期待祝福之人的良心，让他们完全履行公正的职责。因为福音就是为了教导人"在今世自守、公义、敬虔度日"（《提多书》2章12节）。不义的人不能获得公正带来的好处，因为"倘若你们在不义的钱财上不忠心，谁还能把那真实的钱财托付你们呢"（《路加福音》16章11节）。不义的人最终不能获得公正带来的荣耀和赏赐。"你们岂不知不义的人不能承受神的国吗？不要自欺，无论是淫乱的、拜偶像的、奸淫的、作娈童的、亲男色的、偷窃的、贪婪的、醉酒的、辱骂的、勒索的，都不能承受神的国。"（《哥林多前书》6章9–10节）所以，凡是违背公正律法、损害了基督徒的见证的，不论他如何表白自己的信仰，那信心都是虚假和不真实的，因为对人不公正的，也永远不可能对神真诚，也就不可能蒙神悦纳。

人要行事公正、为人正直，这不仅是出于责任和良知的考虑，也涉及当前的利益问题。公正一定会带来繁荣和成功，行事公正是最安全和可靠的方法，能够给人带来成功。常常按公正公平而行，必然会给你带来良好的品格，工作中的成功也就仰赖于此。每个人都愿意和诚实的人打交道，公正的信誉和声望能够给拥有这一品质的人带来很多好处。虽然诚实和公正的人会因为不谨慎招致贫穷，有时供应一切的神也会让这样的人贫穷，使不信的世界看到审判即将到来；然而，良善的神会祝福很多公正的人，赐予他们今生的富足，来显明他对义人的爱，以及他供应的美善。"诚实人必多得福，想要急速发财的，不免受罚。"（《箴言》28章20节）羞耻与痛苦是不公正与欺诈所结的果子，人借着毁掉别人来增加自己的财富、建造自己的家庭，神的报复却会像烈焰一样吞灭他们。神极其憎恶这罪，连恶人的后裔都会感受到他的愤怒。我们常常看到，那些利用不公正的手段积累的财富会逐渐消失。

实践公正：凭良心做事

简单地了解了公正的本质以及我们应当行事公正的责任之后，这里就要具体说明如何在工作中按公正行事。

合理定价

（1）公正要求我们从销售的物品上得到合理的利润。

生意人的合理利润不应该用一个特定的规则和标准一刀切。利润涉及的规则有很多，不能总是用商品的价格来衡量，因为惊喜或无知偶尔会使我付出高价买进一些东西。别人为什么要为我的愚蠢付代价呢？或者有时候因着特殊原因，我以便宜的价格购得商品，我也没有理由因此放弃自己的优势。别人销售商品的价格也并不总能用来衡量我盈利的多少，因为他们可能必须以较低的价格销售。为什么要让别人低廉的价格影响我的销售价格呢？或者他们为了争取顾客，以低价销售商品，从一样东西上获得很少的利润，好让自己的价格比别人更有竞争优势，为什么要让这种情况愈演愈烈，使整个市场的价格下滑呢？或者他们可能在价格上牟取暴利，为什么我要让他们的贪婪影响自己呢？从前的定价不能作为公平的标准，因为每个人都知道，价格会有起落波动，某件物品去年可能值一个金币，今年却只有一半的价格了。是否能维系生意人的家庭生活开支，也不能成为绝对的标准。一英镑中获利十分之一，对收益很多或花销不大的家庭来说绰绰有余，但是对于有病人或人口众多的家庭来说，即使是两倍于此的利润也不够支撑他们的生活。但是也不可以把获得最大利润作为盈利的标准，因为我可能从一个不够警惕、业务不够熟练的客户那里挣到两倍的利润，这样的做法并不公正，属于欺诈行为。最后，商品本身的价值也不能永久作为衡量的尺度，因为许多商品真正的价值不得而知，而且还有许多商品唯一的价值就是花哨和新奇。因此，最可靠的规则就是市场价格，一般说来，用市场价格来衡量，不太容易出现特例，也不会受到特定人群行为的片面影响。生意人付出时间、劳动，而且使用了经营技巧，还要面对风险，所以应该得到相应的报偿。若是长期以来信誉良好，提高商品价格也是合理的。要不然，他不仅不能积累财富，还有失去金钱的风险。但是他可以按照公平的规则行事，为自己增加荣誉，他可以将不利因素考虑在内，加在商品价格中，以此来保证利润。销售的时候，想象自己是购买者，设身处地为他着想，这样就能从别人那里获得合理的利润，除此之外，再不附加其他。记住："薄利多销可以使钱包变得沉重，但是暴利常常使良心变得沉重。"

（2）公正严禁在交易中乘人之危牟取利润。

不要降低穷人的工资或者以低价购买他们的物品，使他们无以为生，以致他们的哭声上达神面前，控告你；也不要趁火打劫，在他们或他们的家人生活上有急需的时候，剥夺他们的合理利润。我认识一个卑鄙的商人，他以购买未铸造金属的价格，从一个急需现金的人手中购买了经过加工的金属，还为此得意自夸。但是，不论这样的行为多么普遍，或者利润多么丰厚，我都认为这是不公正的、压榨他人的行为。倘若神供应的大能还存在着，或是他的话语中还存在着真理，那么神的咒诅会临到所有邪恶的人。倘若贪婪诱惑你去行这样的事，那么你要思考贫穷者的王、我们的神所问的问题："主万军之耶和华说：'你们为何压制我的百姓，搓磨贫穷人的脸呢？'"（《以赛亚书》3章15节）倘若你对此有负罪感，那么就要真诚地悔改，避免在回答类似问题时感到羞耻和疑惑。从现在起，用更加人性化、更像基督徒的方法来进行交易吧。同样，也不要因为别人急需购买或者借用某样东西，就趁机占别人便宜，这样的做法也和上面所说的一样，属于不公正的、压榨他人的行为。或者，倘若其他生意人需要某种商品供应给顾客，那么，你希望别人怎样对待你，也要以同样的慷慨之心对待别人。任何时候都不要伺机利用别人，因为没有人希望别人用同样的手段对付自己。坦诚和仁爱会让你更加乐意好好对待那些想获得帮助的人。

（3）不要利用他人技术和知识上的缺乏牟取利润。

并非每个人都具有同样多的知识或智慧，人们会健忘、犯错误或者高估自己。人不可能都具备准确无误的判断力，了解自己想要购买或销售的每样货物的价值或性能，连我们自己也常常犯错误。因此，倘若别人利用我们的无知或失察牟取利润被视为不公正和吝啬，那么我们也不应如此对待别人。在一种情况下被视为错误的事，在其他情况下也应该是错的，不应找任何理由为自己开脱。不要认为你获得知识是为了让自己获得最大利益，大家都应该各顾各的事情。公义正直的掌管者不会让人用卓绝的理解力和技巧去达成自私卑劣的目的。倘若这样的道路行得通的话，你就可以说，你被赋予权力和力量，是为了掠夺每一个无力抵抗你的人。若你认为前者合乎理性和公义，那么后者也是一样。你也不能说，别人在相同的情况下如何对待我，我也要同样对待别人。若是这样，那么别人烧了你的房屋，你岂不是也要烧毁邻居的房屋吗？他人的罪行不能成为你的借口。罪行越是普遍，就越发显出抵制犯罪之人的高尚品德，因此，任何人都不要在任何事上欺骗或压榨自己的弟兄，因为神必会报应。

（4）不要和不牢靠的人做生意。

在这个前提下，有些人不鼓励与太年轻的人或其他不牢靠的人做买卖，也不应该把金钱交给他们。有人明明知道或者暗自怀疑对方销售的东西是偷窃来的，却仍然愿意购买，这着实令人担忧。的确，这样的交易能够给你带来丰厚的收益，但是我相信你的罪也就更大了。你鼓励或者助长他们的邪恶，定会受到神的谴责。"你见了盗贼，就乐意与他同伙。"（《诗篇》50篇18节）明知对方有罪，还鼓励、纵容对方的恶行，就在他的罪上有份。倘若你的手段巧妙狡猾，能够逃脱法律的制裁，但是明察秋毫的神在看着你，你迟早会因偷窃和贪婪而知道神的义愤。不要说，我的商店就是我的地盘，一切都由我说了算。诚实的人倘若知道或者怀疑这匹马是偷来的，怎么会购买呢？更不要给自己找借口说"就算我不买，别人也会买的"，因为别人的邪恶不能成为你自己犯罪的理由。奇怪的是，在其他事情上谨慎和理智的人，在造物主的律法和他们邪恶的本性相冲突的时候，竟然变得不懂道理、失去了理智、利欲熏心，为了一点点污秽的好处，不惜冒风险承受全能神的震怒，违背自己的良知，使自己的声誉蒙受损失。不要参与不诚实的交易，宁可因为正直而面对贫穷，也不要贪爱不义之财。

（5）在交易上要诚实坦荡。

顾客应该能够注意到商品上显而易见的正常缺陷，但是你的商品上若有隐蔽而不容易察觉的缺陷，倘若顾客知道了，就可能不会购买，或者会降低价格，那么，强人所难非要顾客购买就是不公义。即使你说，你会按照合理的价格销售次品（不过我怀疑事实常常并非如此），给顾客的报价已经是打过折的价格，或者说，倘若这些有缺陷的货物本身就不是顾客想买的东西，那么他们无论如何也不会购买的；但是，不管你的行话说得多么专业，或者理由多么合理，都不能改变次品本身的问题。倘若顾客为了压低价格，口口声声说，这个产品多么不好，等到买了，就欢欢喜喜地一路往回走，难道这种行为不是罪吗？同样，销售的人明知事实并非如此，却夸赞自己的商品完美无缺、毫无瑕疵，这也是罪。摸着自己的良心问一问，这种行为能够在神面前站立得住吗？或者说，这是否符合"你希望别人怎样对待你，也要怎样对待别人"的标准？倘若你回答说，我们和别人一样，都面对购买有缺陷和破损商品的可能性，所以也必须把手头的次品销售出去；那么我对你的回答是，尽可能不要购买次品，而且销售次品的时候也要告诉顾客真相，倘若你因此蒙受损失，而不是把损失转嫁给毫不知情的人，那么你会因为这舍己的行为大得属天的赏赐。

偿还债务

审慎的人在签署债务合同的时候会十分谨慎，在合同到期的时候，若要公正行事，就要按时偿还债务，否则我们就是在持有别人的财产。无论债权人贫穷或富有，他都有权拿回属于自己的东西。如果你欠了贫困者、寡妇和孤儿的债，使他们因此受到损害，那么你的罪就更重了。倘若你无法偿还债务而请求宽延，这根本不成理由，除非供应我们的神允许我们受伤致残，这时你就可以使用一切合法的手段使双方都得以满足。只要你有能力，理性和公正都要求你全部偿还一切债务。即使债权人看到你贫困的境况，同意你按照自己的能力许可范围进行偿还，你也当完全偿清；即使法律减少或取消你的债务，你也不能不顾良心的呼喊。但是不要把自己不谨慎带来的祸患归咎于神。公正不仅要求我们完全偿还债务，也要求我们在到期时马上偿还。"你那里若有现成的，不可对邻舍说：'去吧！明天再来，我必给你。'"（《箴言》3章28节）更何况他只是在拿回本应属于自己的东西。你不知道他面临怎样的需要，或者他要靠那些钱做些什么事情，失望可能会给他带来数百倍的艰难。他可能很贫穷，满心希望你能够还钱。拖延还款时间不仅是不公正的做法，而且还显示一个人缺少怜悯之心。

但是，最令人无法饶恕的违约行为是债务人撕毁合同、欺骗债权人，使自己获得利益。这样的过犯必将使人悔恨，无法脱离痛悔的心态，最后致使良心麻木，像不信的人一般。你曾经为了暂时的一点点益处，故意犯过多少可耻的罪？现在我们看到谎言反复出现，甚至有假见证、偷窃、可憎的伪善以及对他人的公开伤害。任意犯下这些恶行的人，你怎能逃脱神公义的审判？

保质保量

如果我们不做到保质保量的话，商业就是一个完美的骗局——顾客满意地离开，以为自己买到了质量很好的产品，其实不然。再没有什么比这更违背正直和诚实的标准了。"你囊中不可有一大一小两样的法码；你家里不可有一大一小两样的升斗。当用对准公平的法码、公平的升斗。这样，在耶和华你神所赐你的地上，你的日子就可以长久。因为行非义之事的人，都是耶和华你神所憎恶的。"（《申命记》25章13-16节）"恶人家中不仍有非义之财和可恶的小升斗吗？我若用不公道的天平和囊中诡诈的法码，岂可算为清洁呢？"（《弥迦书》6章10-11节）因此这些不公正的事情为主所憎恶，所有有良知、有信仰的人都当逃避这类事情。买卖双方都当对公正和平等的交易感到满足，不期待获得合同和协议之外的好处，也不凭着欺诈或狡猾的手段让自己的邻舍受到不公平的待遇。

在许多欺骗手段当中，虚幻的灯光被人当作正常手段而给予认可。生意人把店里的灯光设计得光怪陆离，让商品看似比实际状况要好很多。等到货物送到购货商手中，他才发现实际情况完全不是那么回事儿。还有什么比这种方法更加不公正的？这样的做法就是欺骗邻舍，以超过商品本身真正价值的价格销售商品，和巧取豪夺没有什么两样。

认真诚信

法律常常查漏补缺，处置此类问题；但是欺诈的手段五花八门，法律根本不能全部监控。人如果不敬畏神，不受良知的管理，就会逃避法律的监督，把法律践踏在脚下。公正要求生意人在为别人工作的时候，希望别人为自己工作时做到多么好，自己也就要照样而行，而不是因为懒惰、生意多或者贪婪，就制造质量低劣的产品。的确，我们无需对每样产品付出同等的关注或劳动，因为有些产品的价格或设计可能并不需要我们那样做。但是公平要求我们在制造每样产品的时候，都要做成此类产品中最好的。公正禁止我们偷偷塞进次品，或者使用质量不好的金属。用次品代替上品，虽然可能给顾客提供的服务是一样的，顾客也可能永远都不会发现两者之间的差别，但是我们不能这么做。因为这是利用顾客不了解真相的弱点，强行让顾客购买超过产品真正价值的东西。不要说销售价格太低，因此不能按照应有的质量制造商品，因为正是些许差异造成了价格的降低。倘若商品很好，价格自然也会高，正如事实无数次见证的那样——只有做得最好的人才会获得最大的利润和最高的信誉度。

依法纳税

既然生意人享受政府的保护以及相关的益处，就应该考虑如何多做贡献支持政府。生意人要尽自己当尽的本分，该上贡的上贡、该纳税的纳税。公正责成你按时支付相应的款项，若是付款日期还没有到，也可以坦诚说明。要知道，这些款项都是法律规定的，法律又是你所选举的代表经过你的同意立定的。纳税的理由也是显而易见的，就是要支持地方官员的工作并保护顺服者的权益，你怎么还要对此予以质疑呢？你不要说，税款的利润移交到其他人手中，官员们因此从中受益，而且他们的财政支出费用太高了。你觉得这么说一点也没有错怪他们，但是，经营者获得了投资的权利就应缴纳税款，就像租户向地主承包田地就要付出租金一样，法律是没有讨价还价的余地的。你希望赋税的截止日永远不要来到，就像是希望商业和财产没有人保护、边疆没有人守卫一样。倘若你没有明确的、可以拿出手的证据，就不应该指责和质疑政府履行职责的行为。若不是相同事件频繁发生，带来影响极其恶劣的后果，而且有许多相应的证据，就不可以因为下属玩忽职守而指责上级官员。毕竟，不论是过去还是将来，我们都会出现疏漏。有时候，一些本质不好的人接受聘用，他们只寻求自己的利益，而不是公共利益，他们的上级必须纠正这样的渎职行为，不可因为任何理由或者私人关系而给对方找借口。你也不能说，只要有人发现你有不交税款等类似行为，你就愿意接受惩罚。倘若这样的说法有什么意义的话，任何一个小偷都会发出这样的请求。惩罚与法律绑在一起，就是要拦阻人犯罪，让那些对神感到麻木、良知也麻木、以不公正待人的人得到约束。要是你被划归为这一类人的话，这对你的名誉可没有一点好处。

正如你应该把"该撒的物归给该撒"，那么你同样应该把"神的物归给神"。倘若你期待属天的祝福，那么就要把律法和公平所要求的物品归给神的牧者，因为"主也是这样命定，叫传福音的靠着福音养生"。既然他们为了服侍神，也是为着信仰而放弃了收益很高的职业，就应该获得与其职分相应的支持，好让他们不至于因为缺乏而焦虑，也能够在慈善和捐助方面成为他人的表率和督促者。这不仅关乎信仰和施舍，也关乎公正和公平。

遵纪守法

一般说来，这个国家的成员都有义务遵守法律法规。倘若这些规定与理性和信仰的要求一致，虽然可能有时它们会和你的个人利益相冲突，但是公正和良知仍然要求我们去遵守。譬如说，官方找你收取费用或罚金，倘若与你意见一样，你应该马上缴费；倘若和你的想法不一样，在期限之内也应高高兴兴地把费用缴齐。或者，国家禁止你进口或出口一些利润很大的商品，因为国内的贫穷人可能更需要这些物资，或者因为敌对国家会因此得到支持和帮助，公正就要求你心甘情愿地顺服这样的命令。你是否决定在自己的行业中不聘用外人，免得一直努力做学徒的人感到挫败或者因此失业？如果公正和信任的原则要求你这样做，即使对你的生意不利，也要如此行。简而言之，倘若我们尽忠职守，我们在所有事上都应该考虑到社会的利益和我们自己长远的利益。

公平竞争

每个人都可以使用各种合法手段来增加新顾客，并保证原有顾客不至于流失，然而，遇到比我们更加贫穷的人时，仁慈禁止我们成为对方的绊脚石，公正禁止我们采取不诚实的手段暗箱操作，私下从他人那里拉顾客。特别是不要用不公正的态度或贬低性的语言，对其他生意人的品格或货物予以嘲讽。不要以牺牲他人利益为代价，使用诡计为自己招揽生意。我们的准则是：你希望别人怎样待你，也要怎样对待别人。很多徒弟在自立门户的时候，会从师傅那里拉走一些客户。虽然师傅在想到自己付出的时间和金钱的时候，应该有满足的心态，但是任何一个胸怀坦荡的学徒都不应该使用下三滥的手段招揽顾客，或者在自己的学徒期到期之前或之后，使用违背人之常情的方法和非正当的手段做些不该做的事情。这样的人应该记住，他自己遇到相同境遇的时候，也一定不喜欢被人利用。

还有，囤积大量商品招致许多人贫穷而给少数人带来财富，这样做的不论是团体还是个人都违背了公正和慈爱的准则。因为这准则要求我们爱人如己，不要因为自己的利益而损害别人的益处。每个人都能通过劳动和经商获得相应的利润，这是一种自然法则。然而，因为自己的贪婪，为满足自我利益而剥夺他人权利，这人就是全人类的公敌。人可能会在获得利益的时候大吹大擂，别人也会羡慕神所憎恶的贪婪者，但是我们所有人的慈爱的父，厌恶这种通过欺压别人获利的方法，也会惩罚利用不正当手段迅速致富的人。那些以不公正手段获益致富之人的堕落和毁灭，就是明证。

富有的生意人凭着丰厚的财产作后盾，低价打压比自己贫穷的生意人，让他们无法按时供货，信用度因此下降，不能留住顾客，而低价出手又不能维持其基本生活——这样的方法也与公正和公平的法则相违背，是有罪的，其目的就是要削弱别人的力量，导致他们贫穷。

最后，还有对生意伙伴的不公正行为，这实在令人无法忍受。对方信任你就像信任自己一样，你受到法律、良心和对方对你的信任的严格约束。若是你诋毁他们，或是破坏他们的利益，你就是在犯罪，应该受到最严厉的指责。任何一个知廉耻、有仁爱之心的人都不能这么做。

照顾员工

审慎要求我们在挑选员工时选择人品正派、性情温和并有工作能力的人，而不是为了节省一点小钱或者看中了一个人的人际关系能够给你增加一点点业务量，就雇佣一个人，这就好像在自己的身上扎了一根刺，会让你长期忍受痛苦。但是，对于那些你认为适合进入你公司的人，公正要求你要像对待自己的孩子一样对待他们。

（1）小心，不要在言语上对他们过分严厉苛刻，这样会使他们在工作时灰心气馁，给他们的生活带来重担，甚至可能出现更糟糕的后果。记住，你也曾面对同样艰难的境遇，不要让相同的事情在他们身上重演。你在天上也有一位主，他以慈爱和公正的权柄统管万有，而不是以仇恨和苛责。因此，你要效法他。你管理员工，要让他们爱戴和敬重你，也要让他们尊重和顺服你，使他们工作的时候，不仅是出于责任，也是出于热爱。要凭借敬虔的生活和德行，而不是盛气凌人的话语或飞扬跋扈的行为来维护权威，员工才会发自内心地尊重你，而傲慢专横、狠毒和愚蠢的态度和行为会带来仇恨。不要把过重的负担加在他们身上，不要用残酷的重荷使他们的生活变得苦不堪言，他们会因此向神哀求哭泣。记住，他们的年龄不大，你要担当这个年龄段的人的软弱和不完美。不要毫无理由就挑剔他们，也不要拒绝听他们合理的辩护。记住约伯在类似情况下的反思："我的仆婢与我争辩的时候，我若藐视不听他们的情节；神兴起，我怎样行呢？他察问，我怎样回答呢？造我在腹中的，不也是造他吗？将他与我抟在腹中的岂不是一位吗？"（《约伯记》31章13-15节）要让他们吃得饱、睡得足，饮食的质量要保证，而且不要让他们忍饥挨饿地工作，要注意按季节分配饮食及安排作息，保证他们的健康，令他们感到安舒。他们干得好，就要好好鼓励，出现问题和差池，也要责备批评，好让他们不仅知道你的权柄，也要知道你的好意。"不可严严地辖管他，只要敬畏你的神。"（《利未记》25章43节）

（2）不过，也要注意，不要管理不严、放纵他们。要维护你的权威，使他们敬畏神、尊重你。要让他们在恶事上做小孩子。要借着榜样的作用和口中的话语，让他们敬畏神，明白公正与真理。最重要的是，要常常关注他们，使他们不致受到不良少年的影响。因此，要留心他们不在的时候，正是在这段时间里，他们会接触和结识不良少年。特别要运用权柄保证他们能够守主日，因为很多人就是因为纵情于所谓的自由而走向毁灭，你若是让他们在主日随心所欲，又怎么能够向主交账并对得起自己的良心呢？正是因为这样的疏忽，我们的下一代遭遇了祸患。那些自私和伪善的人，要求别人对自己的命令严格服从，却对主圣洁公义的律法置之不理，主会如何谴责他们呢？因此，要监督下属，而不是对他们的闲暇时间不闻不问。要了解他们的朋友，让他们遵守主日，而不是让他们无所事事地虚度主日。他们当时可能觉得受到限制、不自由，然而在经过思考后，或是在将来，他们会感谢你，并为你所做的感谢主。最后要注意，有些人缺乏智慧，无法抵制多方面的诱惑和试探，因此不要让他们出差或在外旅行，因为很多年轻人因此被毁掉了。

供应家庭

妻子给你提供了舒适的生活，对你贡献很大；她还在商店里和家庭中操劳，使你的财富不断增加；她管理和监督家庭，使一切井然有序；但是，她更是你骨中骨、肉中肉，她离开自己的家人与朋友，你要以爱和关怀来遮蔽她。因此，不论从属灵的方面来说，或是从伦理方面来说，你都有义务在力所能及的范围内保证她的舒适。此外，你的儿女来到这世界的时候完全无助，他们仰赖于你、是你的产业。如果你不去抚养并供应他们的需要，那么你的所作所为是有悖常理的，且是不仁不义的。然而，今天有许多生意人游手好闲、玩忽职守、挥霍无度而且纵情于声色犬马，留给家庭的只有伤痛和泪水。他们死后，人们评估货物，发现所剩无几；检查账本，无法让人得到一丝安慰。可怜的妻子被迫投亲靠友，或者因为缺乏而忧伤憔悴，孩子们流离失所，无所适从。这是多么邪恶的不义呀！

他们的儿女除了困苦忧伤之外一无所有，谁还能认为他们有福呢？或者他们对别人行公义，只是对自己的骨肉残忍，这能够令他们洗脱罪名吗？当然不能。所以，你应当限制开支，把钱用在食物、衣物和必要的家具上，而不是奢侈的享乐上；又要在工作中勤勉，谨慎地对待各种问题；这样，当你的年日消逝，离世而去，家人也不至于仰赖别人的帮助，而是可以靠着你的遗产生存下来，你也不至于像野兽一般，离开时对家人没有任何交代。"善人给子孙遗留产业；罪人为义人积存资财。"（《箴言》13章22节）

怜悯穷人

神是万物的所有者，人不过是管家。神要求我们合理分配所需一切之后，让贫穷的和有需要的人接收剩余的财物。因此，"你手若有行善的力量，不可推辞，就当向那应得的人施行"（《箴言》3章27节）。作为忠心良善的仆人，我们也当在财富增长的原则上长进，控制消费，好好利用自己的技能和心思积累财富，让自己有能力帮助别人。我们的双手当勤奋，头脑当活跃，"就可有余分给那缺少的人"（《以弗所书》4章28节）。神的良善是他荣耀的一部分，人应当在良善上真诚地效法主，没有什么比良善更美好，也没有什么能够比良善给一颗敬虔的心灵带来更大的喜乐，如此去行的人将蒙受神最大的恩典。因此，我们生意人要勤奋、审慎，把自己的未来交托给神；要心胸宽广，怜悯有需要的人。

你面前摆着极大的需要。也许你有穷亲戚需要帮助，也许神的百姓中有贫穷的，或者有些贫穷但忠心的牧师被迫为了生计奔波，而不能去研读圣经、行善事；还有些贫穷的学者很有天赋，若是能够暂时得到资助，就能够成为服务大众的器皿；还有些无知愚昧的人和未开化的地区，倘若信仰能够传到他们那里，他们就能够得到建造；或者你可以赞助金钱分发圣经或其他属灵书籍；或者有些好孩子因为父母无力供应他们，而不能学习一份手艺；或者有些人有技能，却没有资金起步；或者有些可怜的生意人无法找到工作，因此不能购买食物；或者有的人孩子很多，苦难也很多，他们因忍耐而没有抱怨，又因谦逊的美德而没有开口诉说自己的苦楚和需要，只是在困境中默默挣扎；或者一个敬虔有美名的姑娘只要获得一点点金钱就能够就业或出嫁，但是因为贫困无依，被迫面对各样试探……除了给少年人受教育的机会、给病人带来疏解、给老人和无助之人带来帮助，还有以上种种情况，都给你提供了仁慈施与的机会，只要你力所能及，就应当去做。

你可以按照收入的情况，照着神祝福你的，定期（每周、每月、每年）把一部分钱存起来，完全用于慈善事业。这种方法能够避免一时兴起之举，不是在有人向你伸手的时候才去帮助别人，而是有固定的资金完全用在慈善和神圣的事上。这样，你也能够在各种情况下自由地施与和帮助。安排妥善的慈善之举，是带来繁荣的最佳方法和最稳妥之路，因为我们施与，就能够带来最大的益处。神是信实和慷慨的。

及时处理合同

公正要求我们及时处理所有合同，因为这是人与人关系方面的，所以我们要在以后谈到时再细讲。

偿还非正当所得

这一点非常明确，无需多想就能够证实其正确性。

（1）信仰要求我们偿还非法所得。我们手中还有不义之财的时候，良心就不得安宁，罪咎感也如影随形；倘若不去归还非法所得，以真正的决心解决问题，悔改也不会是真诚的。因为悔改就是在我们能力许可的范围内弥补自己的过错；倘若你犯罪伤害邻舍在先，而你一直没有按照该做的去弥补自己的过失，那么罪行就一直存在。因此，神命令说，如果有人欺诈他人而因此"干犯耶和华"，那么这人"要承认所犯的罪，将所亏负人的，如数赔还；另加上五分之一，也归于所亏负的人"（《民数记》5章6-7节），这样就弥补了别人的损失。虽然干犯的是人，但是神认定不义的行为就是做在他自己身上，因为这是干犯了主的律法、蔑视主的权柄。道德律法要求所有人在末日时为自己的良心交账。尼希米要求欺压他人的犹太人归还不义所得，他这样说："凡不成就这应许的，愿神照样抖他离开家产和他劳碌得来的，直到抖空了。"会众都说："阿门！"（《尼希米记》5章13节）撒该一信主，就立刻认定自己要担当责任，赐福与人的救主要去他家里的时候，他知道，要证明自己已经离弃过去的错误、证明自己目前感情的真诚，再没有什么能够比偿还自己所欠的债更有力的了。"撒该站着对主说：'主啊，我把所有的一半给穷人，我若讹诈了谁，就还他四倍。'"（《路加福音》19章8节）这说明，人的良心知道自己有责任偿还所欠之物。倘若救恩临到你的家，信仰的影响力体现在你的心灵中，你也会这么做的。

（2）为着利益人也要归还不义之财。神是世界公义的主宰，不义所得不能成为拥有者的祝福，常常会像糠秕被风吹散一样，被主拿走；就算没有被拿走，神的咒诅也会在那里。不义之财就像麻风病一样，会让咒诅临到所有财产上。那么，谁会愿意因为保留一点不义所得，而失去凭着诚实和劳苦获得的一切呢？所以，你要是有不义之财，就要像哲学家处理财产一样，把它们扔进大海。宁可毁掉它们，也不要让自己因为它们被毁掉。宁可活在贫穷和公义中，死后蒙福，也不要生死都在咒诅中。倘若你没有弥补的能力，而你的心意已经被人所接纳，那么你当为此伤痛，因为你伤害了别人并且无力弥补。你要在神的掌管中反思，承认主的公义。记住，这时你仍然有责任弥补过失，有能力做到什么程度就要去做。如果你害怕丢人、名誉扫地，因此迟迟不敢行公义，那么可以请一个可靠的朋友替你弥补亏欠，不必提及你的名字，你的人品也不会因此受到玷污。我们要这么想——犯罪才丢人，而且那已经是过去的事情了，现在你做的都是公义和公平之事。做好事挽回从前的错误有什么可丢人的？但是若是愚蠢的羞耻感或卑鄙的贪婪欲望使你不去行公义，记住，再过不多久，你就要在神、天使和世人面前为这一切过犯受审判。经过了那么多理性与良心的抗争，你却仍然生活在罪中，并且死在罪里，等这一切全部被发现之后，你该多么羞耻啊！要是你说，你得罪的人已经死了，你不知道该向谁弥补，那么，我要说的是，死者的继承人有权利得到补偿。如果经过搜寻没有找到对方的继承人，那么神的话语中记载了谁应该接受赔偿。"那人若没有亲属可受所赔还的，那所赔还的就要归与服侍耶和华的祭司。"（《民数记》5章8节）那么，因着神的荣耀和权柄而做出的赔偿，应该归于主的教会和穷人。因为施舍给穷人就是借给神，其本身就是善行。所以，我们行主所要求的公义，就是借给主。

劝 勉

反思自己的过去

也许你行不义时隐藏得很好，名声没有因此受损，但是良心的声音能够被消灭吗？难道良心忘却了不义的交易、欺骗、买卖时缺斤短两以及其他欺压他人的、残忍的事情吗？让良心来探查一切，看看你心里是否有罪吧。不要再把良心当作可有可无的摆设，让它开口讲话吧，因为良心沉默的时间越长，开口时讲出来的就越可怕。不要闭眼不看光明，也不要替自己编造借口，因为借口在大审判的日子根本站不住脚。"以施行公义断绝罪过，以怜悯穷人除掉罪孽。"（《但以理书》4章27节）要在神面前真诚悔改，求得主的饶恕，靠着在主耶稣基督里谦卑的信心，就能够获得赦免。

考虑自己的未来

记住，不可不劳而获，凡所得的都要通过诚实的劳动取得。不确定该怎么做的时候，要采取最稳妥的方法，做公义和仁慈的事情。不要挑战法律的极限，因为俗话说："常在河边走，岂能不湿鞋。"要勇于承担责任，不要贪恋利益和好处，因为我们很自然地会做出自私的选择。对穷人要亲切，帮助没有技能的人要动脑筋，对所有人都要谦和、平等。你的人生目标应该是这样的：虽然可能并不富有，但是要一生公正。这样你的良心会平静安稳，你留下的财产也不容置疑，你能够安享福乐，把双手所得的和良善神所赋予你的财产留给后人。要成就这一目标，你需要做到以下几点：

（1）心中敬畏神。害怕丢人可能会拦阻人多行不义，但是没有什么比敬畏神更能够使人在所有事上公正诚实。

（2）不要贪爱世界。贪婪和自私的本性是所有自私与欺压的源头。人若不极度贪恋世界，就不可能为了暂时的蝇头小利去伤害邻舍并毁掉自己的名誉，将自己置于神的愤怒之中。

（3）满足于现状，把将来交托给神。神统管并引导一切被造物。他知道我们需要什么，什么会伤害我们，他保证所有信靠他的人能够得到最好的。但是人更愿意离开神的掌管。那些不顺服主、不信靠主的人，不愿意服在主的怜悯之下，尽管他们用尽手段要获取祝福，却毫无果效。虽然基督徒会因为公平和平等的原则放弃利益，但是，可不要忘记，神会在世界上或属灵上（也许两者兼有）丰富地赐予他们！纵然主的仆人会为了顺服他的旨意而舍己，伟大与良善的主也不会允许他们蒙受损失。

（4）要爱人如己。做生意的时候，要站在别人的立场上看看问题，这样，你就不会做任何不公义或不荣誉的事情。

（5）一切美德必须来自一切智慧与恩典的源头——基督耶稣。所以，人行公义也要仰赖于他，要对我们的中保有真实、活泼的信心。无论我们在地上的成就如何，将来在天上、在公义的神面前，丰富的赏赐都是属于我们的。但是人不要自欺，以为基督徒的信仰和宣告只是为了获得利益，这是与信仰不相符的想法。如果是那样的话，基督的义岂不是专门为了那些不义的生意设计的吗？！

帮助别人以公义行事

把公义和正直的原则灌输给孩子和仆人，不要让他们对别人犯下哪怕最小的罪。要公然反对一切欺压、欺骗别人的行为。别人受到伤害和欺压的时候，不要坐视不理，至少不要落井下石。在各个方面推动带来公正的改革，这样就能够尊崇福音，终止福音的仇敌引发的各种灾难，在人们中间建立美好的声誉，并因着我们救主的恩典，生活得宁静，死得安详。阿门！

相关的教导

"他们的父亲以色列说：'若必须如此，你们就当这样行：可以将这地土产中最好的乳香、蜂蜜、香料、没药、榧子、杏仁，都取一点收在器具里，带下去送给那人作礼物。又要手里加倍地带银子，并将归还在你们口袋内的银子仍带在手里，那或者是错了。'"（《创世记》43章11-12节）

"不可偷盗……不可贪恋人的房屋；也不可贪恋人的妻子、仆婢、牛驴，并他一切所有的。"（《出埃及记》20章15、17节）

"不可欺压你的邻舍，也不可抢夺他的物。雇工人的工价，不可在你那里过夜留到早晨……你们施行审判，不可行不义。在尺、秤、升、斗上，也是如此。"（《利未记》19章13、35节）

"你囊中不可有一大一小两样的法码……因为行非义之事的人，都是耶和华你神所憎恶的。"（《申命记》25章13、16节）

"他吞了财宝，还要吐出，神要从他腹中掏出来……他欺压穷人，且又离弃……他的财宝归于黑暗，人所不吹的火，要把他烧灭，要把他帐棚中所剩下的烧毁。天要显明他的罪孽，

地要兴起攻击他。"（《约伯记》20章15、19、26-27节）

"不义之财毫无益处，惟有公义能救人脱离死亡……福祉临到义人的头，强暴蒙蔽恶人的口。"（《箴言》10章2、6节）

"善人必蒙耶和华的恩惠，设诡计的人，耶和华必定他的罪……恶人倾覆，归于无有；义人的家，必站得住。"（《箴言》12章2、7节）

"多有财利，行事不义，不如少有财利，行事公义。"（《箴言》16章8节）

"行为纯正的义人，他的子孙是有福的……以虚谎而得的食物，人觉甘甜，但后来他的口必充满尘沙……起初速得的产业，终究却不为福。"（《箴言》20章7、17、21节）

"秉公行义使义人喜乐，使作孽的人败坏。"（《箴言》21章15节）

"人以厚利加增财物，是给那怜悯穷人者积蓄的……诚实人必多得福，想要急速发财的，不免受罚。"（《箴言》28章8、20节）

"那不按正道得财的，好像鹧鸪抱不是自己下的蛋；到了中年，那财必离开他，他终久成为愚顽人。"（《耶利米书》17章11节）

"那行不义盖房，行不公造楼，白白使用人的手工不给工价的，有祸了！"（《耶利米书》22章13节）

"在你中间有为流人血受贿赂的，有向借钱的弟兄取利，向借粮的弟兄多要的。且因贪得无餍，欺压邻舍夺取财物，竟忘了我。这是主耶和华说的……到了我惩罚你的日子，你的心还能忍受吗？你的手还有能力吗？我耶和华说了这话，就必照着行。"（《以西结书》22章12、14节）

"你因罪孽众多，贸易不公，就亵渎你那里的圣所。故此，我使火从你中间发出烧灭你，使你在所有观看的人眼前变为地上的炉灰。"（《以西结书》28章18节）

"原来，神的忿怒，从天上显明在一切不虔不义的人身上，就是那些行不义阻挡真理的人……装满了各样不义、邪恶、贪婪、恶毒，满心是嫉妒、凶杀、争竞、诡诈、毒恨……无知的、背约的、无亲情的、不怜悯人的。"（《罗马书》1章18、29、31节）

"不要一个人在这事上越分，欺负他的弟兄，因为这一类的事，主必报应，正如我预先对你们说过，又切切嘱咐你们的。"（《帖撒罗尼迦前书》4章6节）

"耶和华啊，谁能寄居你的帐幕？谁能住在你的圣山？……他不放债取利，不受贿赂以害无辜。行这些事的人必永不动摇。"（《诗篇》15篇1、5节）

"行事公义，说话正直，憎恶欺压的财利，摆手不受贿赂，塞耳不听流血的话，闭眼不看邪恶事的，他必居高处；他的保障是磐石的坚垒，他的粮必不缺乏，他的水必不断绝。"（《以赛亚书》33章15-16节）

"那行不义的，必受不义的报应，主并不偏待人。"（《歌罗西书》3章25节）

Chapter 6

第六章

诚　实

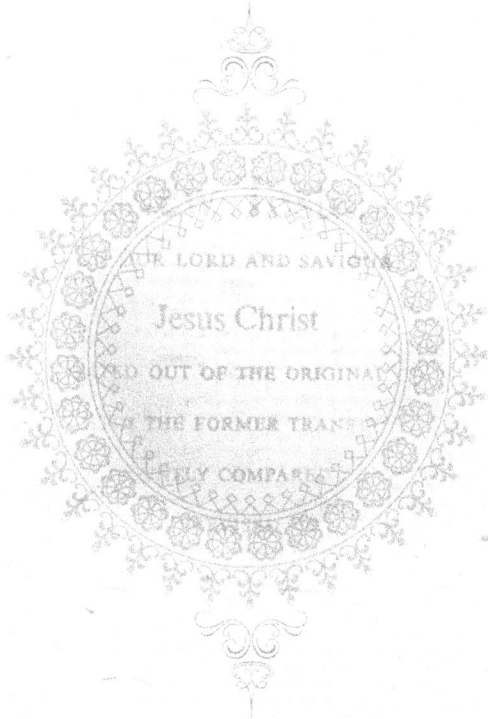

诚实的本质

诚实是指按照事物的本质或对事物的现有认识对其进行描述。我们对事物的描述或许与我们对事物的认知相符，但却与事物的本质不符，我们把这样的情况称之为误解或者错误的认识。这样说并没有任何责备的意思——尽管按照我们所掌握的知识，犯这样的错误确实有可责之处，因为如果我们真的尽上了自己的本分，这类的错误本是可以避免的。另一种情形是，我们对事物的描述与我们对这些事物的认知不符，这就是谎言，尽管我们的描述可能刚好与事实相符，但由于我们没有如实地表达自己的真实想法，在表达中蓄意掺杂了许多虚假的成分，希望别人按照我们虚假的陈述相信我们所说的才是事实，于是便产生了谎言。但这种谎言与我们复述别人的谎言不同，因为在那种情况下，蓄意说谎的人并不是我们。在此我必须指出，人们的语言对他们的行为有着相当大的影响。人们对事物的表达或看法，总会在他们的行为上表现出来。举例来说，一个人谎称自己是依靠家族财产生活，实际上却并非如此，为了让别人相信他的话，以为他的生活方式确如他所杜撰出来的那样，他就必须持续不断地说谎，以达到蒙蔽他人的目的。说到这里，你可能已经发现，并不是每一个错误、每一句令人置疑的话语、每一个比喻或虚构的故事，或每一次对别人的谎言的复述（在不知情的情况下）都应称之为谎言。谎言指的是对事实的蓄意捏造和歪曲，说谎的动机则是要欺骗他人。

诚实的重要性

每一个商人都当按照事物的本来面貌看待并谈论它们，既不要添枝加叶地大肆渲染，也不要随意对之进行删减；在谈起一件商品时，既不要随意贬低它的价值，也不要用华而不实的口吻夸大它的价值，总要"凭爱心说诚实话"，在神面前表现出应有的良知和品德，让人看出这人是虔诚且富有理性的。

对人对己都要诚实

每一个人都当诚实地对待自己，既不要自欺欺人，也不要弄虚作假。我们也应当以同样诚实的态度对待别人。当我们以赤诚之心对待别人时，别人也会以同样的真心回馈我们；当我们在别人面前弄虚作假时，别人岂能以真心回报我们呢？欺人者必被人欺。当一个社会到处都充斥着谎言与欺骗时，它至终要走向彻底的瓦解；谎言断开了人与人之间的连接、摧毁了人与人之间最起码的信任。当人们不再彼此信任时，又怎能相识、相交或一起做生意呢？一个满嘴谎言的人怎么能赢得别人的信任呢？一个人只要在一件事上允许自己撒一次谎，他就有可能允许自己在任何时候、任何事情上撒谎。而一个心里充满了谎言和不义的人，他在生意上也会采取同样的态度。我们再也不能无视人类的共同利益遭到如此的破坏了。人类拥有语言，是为了彼此交流，但谎言和欺骗直接扼杀了这样的交流，从这一点上看，哑巴倒比一个说谎者更有福。

我们所敬拜和服侍的是一位真理之神。我们相信自己所领受的就是关于真理的启示。宗教信仰教导人们不仅要热爱真理，而且要将真理活出来。每一位信仰虔诚的人士都是憎恨谎言、热爱真理的人，这几乎成为这些人的一个显著特点。而那些与我们信仰的教导背道而驰、热衷于弄虚作假和欺骗的人，则被完全排除在神的祝福之外，与救恩无缘。是的，习惯性的说谎者和虔诚的基督徒之间的差别是显而易见的，尽管有人竭力否认自己是个说谎者，其行为却会将其本性暴露无余。

说谎者及其诡辩

人要想说实话和正直话，就要受到外部因素的约束，诸如理性、宗教、荣誉和利益。一个讲真话的人，不仅要有高贵的灵魂，还要有面对真实的勇气，让自己的良知胜过别人反对的声音。说谎者一直是人们抨击的对象，而说谎也一直是正人君子们蔑视的卑劣行为。一个说谎成性的人，他的良心好像被刺过一样，对所有人的指责都表现得无动于衷。既使丑行败露，他也不会因此显得羞愧或感到不好意思，似乎没有什么能让他的舌头不说出谎言来。虽然他也为自己的谎言辩护，想以此维护自己的声誉，却丝毫没有悔改之意。这样的人任凭自己活在谎言与欺骗之中，因此，即使他赌咒发誓，也无法赢得别人的信任，人们总会对他心存疑虑。只有当别人以其人之道还治其人之身、在生意上亏负他时，他才会认识到公义和真实的好处。

有些人辩称，自己说谎是因为看到别人如此行。他们每天看到别人说谎，其中不乏一些品德高尚之人，于是认为自己说谎无伤大雅，认为这样的谎言是可以被人接受的。虽然这样的认识并不正确，但许多人——甚至有些自称为基督徒的人——都抱有这种看法。如果这样的逻辑成立，叛国罪也应该被人接受了，因为有许多犯下如此罪行的人都是众所周知的伟大人物。依此类推，那些违抗神的人以及神所禁止的行为也应该是可以接受的了，因为有许多伟大的圣人都曾经违抗过神。如果这些圣人都曾犯下违抗神的罪行，那么我们的不顺服也就算不得什么了。但是明眼人一眼就能看出这种辩解的谬误之处。罪岂能逃过神无限的权能及公义的审判？神难道会因为罪人增多就罔顾他律法的尊严吗？神岂不要按照各人的罪行报应在他们身上吗？在你为自己的罪找出各种理由之前，最好先想一想，这些理由能否减少你的痛苦，是否能在地狱的烈火中安慰你。要知道"恶人，就是忘记神的外邦人，都必归到阴间"。那些不幸陷入谎言试探的品德高尚之人，应当成为我们的前车之鉴，而不是我们效法的对象。他们向我们显明了人性中的软弱，提醒我们总要警醒自己，免得重蹈其覆辙。圣经在说到亚伯拉罕、大卫、彼得等人说谎的经历时，让我们看到，谎言往往产生于人内心的恐惧，他们生怕自己所谋的落了空。然而，有一点不容置疑——尽管他们有过这样的经历，就其内心而言，他们在神面前仍然十分谦卑。既然如此，我们怎能把这些人偶然被过犯所胜的经历，当成我们持续行恶的借口呢？难道全知全能的神还分不清哪些人是偶然被过犯所胜、哪些人是故意作恶吗？当你阅读圣经，试图从中寻找能激励自己的经文时，千万不要忽略了亚拿尼亚和撒非拉的故事，这两个人正是因为谎言断送了自己的性命（《使徒行传》5章）。

说谎者为自己辩护的另一个理由是，说谎只是一个极小的罪，并不像诅咒、谋杀和偷盗罪那样，会给别人和自己带来那么大的危害。然而，罪并没有大小之分，凡犯罪之人都没有遵从神的真理，而是在效法说谎之人的父——魔鬼——的作为。罪是对属灵权柄的公然挑衅，它破坏了社会的和谐，犯罪之人必要受到公义之神的严厉审判。如果谎言真像那些人所说的，只是一个小罪，那么衣服上要有多少个小洞才会影响它的美观呢？眼睛里要有多少颗小沙粒才能让你感到不舒服呢？身上要有多少个小伤口才能让你感觉到疼痛呢？如果你对这些小事和小的伤口都能如此上心，难道你不应该对那些影响到神荣耀的事、那些影响到你灵魂的正直和快乐的事更加上心吗？其实这些才是我们真正应当关注的事。当你辩称谎言不过是小罪时，你其实是在为自己"大罪不犯、小罪不断"的行为开脱。但如果你连与小罪断绝都不情愿，认为它不会影响到神对你的祝福，又怎能指望自己与更大的罪断绝呢？事实上，一个人如果不肯为了取悦神而弃绝自己肉体上的喜好，他也绝不会在有需要时，心甘情愿地为了救主舍弃生命和财物。对罪的沉迷让他在诱惑面前根本无法担负起他本应承担的更大的责任，因为罪已经让他丧失了对神最起码的爱心，他也不再想讨神喜悦。

还有一些人辩称自己说谎是因为迫不得已，否则生意就做不成。他们说自己的客户总是举棋不定，若不用欺骗和弄虚作假的手段，就休想和他们达成任何交易。如果事情真如他们所说，那真是太可悲了！人们不再按照真理和正直的良心履行神在自己生命中的呼召，而是公然在自己的生活中挑战这位宇宙至高者的权能，公然违背这位公义者在自己心中发出的良知的声音！也许我们应当在每一个商人的大门上写上这样的话："虽然世界罪恶当道，但是主我们的神仍在怜悯看顾，因此，你要活出你的尊荣与正直来、活出你的信仰与救恩来、活出你的高贵与尊严来。"其实，但凡领受神关于真理及良善教导的人，都能看出"我说谎是出于迫不得已"这种说法当中的谬误！你总可以抬头望天说："主，创造天地万物的神，你知道，我是诚心取悦于你，坚心依靠你的眷顾，我在言语及贸易往来中一直恪守了你诚实的原则。我呼求你保守我，即使面临突如其来的贫穷与灾难，也能持守住你关于真理的教导。"当你为自己辩解说谎言是出于迫不得已时，你能否摸着自己的良心说，这其实不是你的一贯做法，而如今已经成为你的习惯？即便还没有成习惯，你也不要再为自己的谎言辩解了，因为这样的辩解不仅不会使你变成一个正直、诚实的人，反而会使你更深地陷入到谎言的试探中，许多人的经历已经反复印证了这一点。总之，当人们用这样的话为自己的谎言辩解时，他们所做的无非是以此为借口，抹杀良心对他们的指控。这样做的结果只能使他们越来越深地陷入罪与不义之中。

在经营中如何做到诚实

下面我们来看一下生意人应当如何在实际生活中说诚实话。这并不是说，生意人必须把自己所知道的一切有关生意上的事情都说出来。他并不需要透露自己所售产品的成本和加工地；也不需要告诉客户哪里可以找到更便宜的商品；凡涉及商业机密、有可能损害其利益的内容他都可以不必透露。为了保护自己的利益不受损害，拒绝透露这些信息，并不表示这是谎言或是在欺骗别人。但是，他也有必须持守的立场。

看重诺言，履行合同

要说诚实话，这要求我们必须履行自己的诺言，以及合同文本的合法要求。在做出承诺并与别人签订合同时，你一定要格外小心，看看你所做的承诺以及所签订的合约是否公正、合法、方便、可行。一旦你向别人做出承诺，并与别人签订了合同，无论它们执行起来有多难、有可能给你带来多大的损害，也无论你做出承诺、签订合约时是否有人在场，你都要履行自己的诺言，不要毁约，因为你要向神以及你的良心交账。当然，如果与你订立合同的一方同意你毁约，此事可另当别论。履行自己的诺言是连接人类社会关系的纽带。如果人与人之间丧失了起码的信任，彼此无法交往，那么这个社会就无法继续存在下去了。一个有诚信的人，即使自己吃亏也绝不会毁约。而一个对自己的话和承诺缺乏诚信的人，怎么能让那些与他有贸易往来的人心里踏实、有安全感呢？这里必须提到的是，你通过自己所信任的仆人所做的承诺或订立的合约，与你自己所做的承诺或签订的合约具有同样的约束力。你不能因为合同于你有利就履行，合同于你有损就毁约。当然，有一种情况例外，那就是当你发现合同条款中的黄金被改换成铜块，或发生了诸如此类的事情时，因为卖方没有按照合同的约定向你提供你所要购买的商品。

此外，人们还需要按照自己所承诺的时间和方式履行自己所签订的合同，这是许多人通常会忽略的地方。人们会以有别的事耽搁了，或遇到了更紧急的事，又或得到了一个更挣钱的订单等等为借口，为自己没有按照承诺履行合同辩解。然而，除非你与别人所签订的是有附加条件的合同，而且这些条件也征得了对方的同意，否则，为了取悦另外的人，使合同条款的履行受到了影响，这就是在损人利己了。你要想坦然面对自己的良心，维护自己的品德，就需要做到，无论发生了什么不可预知的状况，都尽力满足合约另一方的需要。而且你总当谨慎，在任何情况下，都不要急于承诺。

如果双方在某件商品的交易上达成了协议，不要因为价格下跌，或发生了其他不可预知的事件，就拒绝向对方供货或拒绝接受对方的供货，这样的行为也违背了诚实公正的原则。还有些人，虽然承诺在某一具体日期支付货款或借款，但等到日期满足的时候，却既不支付所承诺的款项，也没有通知对方要求延长支付期限。这虽然不是故意为之，也算不上什么大罪，但整个的社会秩序因此遭到了破坏，人的良心也因此败坏。

远离不义的行为

掩盖所售商品瑕疵的行为也要受到公义的审判。这样的举动不仅会给客户带来极大的损害，也会损害你自己。本着爱与公平的原则，你有义务向客户指出商品的瑕疵之处，同样，若别人向你提供了质量上有瑕疵或价格上做了手脚的商品，你也可以拒绝付款，但你需要向对方直接讲明你对商品不满意的地方，否则你的行为就有欺诈之嫌，甚至会让别人也来效法你这样"以其人之道，还治其人之身"的行为。

抵制不公义的商品交易

诚实要求人们不昧着良心向别人推荐质量上有问题或价格上动过手脚的商品。哪怕是因无知做了这样的事，也不能免除你的过犯，因为你本当对自己不熟悉的事物更加小心谨慎才对。如果你明知那些商品不值得推荐，甚至你自己都不会使用，却仍然推荐给别人，这就是你的不义了。比如说，你将一种产品说成是另一种，或是将有瑕疵的产品说成是无瑕疵的，或是把一种商品说成是某一著名工匠做的、价值不菲，而实际上，它既不是那人做的，也不值那么多钱，或是将一种新推出的时髦产品说成是老古董，或是任意吹嘘一件你根本拿不到的商品——这就叫弄虚作假，是商人们经常做的事，他们必须硬着心、昧着自己的良心才能做出这样的事来。简直难以相信，人们怎么能一边宣称自己相信全知全能的神以及最后的审判，一边还在那里大着胆子谎话连篇并以此牟利。他们败坏自己灵魂的方式甚至连他们自己也会感到不齿。朋友，我恳求你不要再自欺，故意回避信仰或良心的提醒，做出种种只有无神论者才做得出的事，使基督徒的名声受到玷污。你要改变自己的行为，寻求神的帮助，决不要让谎言取代了诚实在你心中的地位。因为用诡诈之舌求财的，就是自己取死，所得之财，乃是吹来吹去的浮云。

1. 避免在待人处事上采取不公正的态度。

要诚实，就要在待人处事上杜绝不公正的态度。人常说，只要你自己高兴，什么事都能做，但以不义的方式获得资财会带来很难平复的愧疚感。为了让自己的良心得到平安，你又要制造更多的谎言。如果你希望自己的看法或诚信不受影响，就不要随意贬低任何一种商品，只要告诉别人它们实际的优缺点在哪里就可以了。如果你看到商品有什么瑕疵，可以直接用平和的语气指出来。如果你对什么事有怀疑，不妨直接将自己的担心告诉对方，让与你做生意的人也能与你坦诚相待。不要让自己因心中自私的动机或不好的看法，毫无原由地贬低别人的品格或商品的品质。记住，不要让你的舌头随从自己的喜好说好说歹，因为有一天你要为自己所说的一切话和所做的一切事向神交账。虽然人类的法律很少会将这类行为定罪，但它们是无限公义的神所厌恶的。

2. 杜绝一切模棱两可、似是而非的表达。

诚实要求我们在与别人的交往中杜绝一切模棱两可、似是而非的表达。语言的产生是为了方便人与人之间的沟通，但如果我们在表达中夹杂了太多模棱两可、似是而非、具有明显欺骗倾向的言语，就会阻碍我们与别人的交流，我们所说的话也就与谎言无异。当你的表达似是而非时，你无非是希望对方能够相信你所说的是事实。而实际上，你所说的话里有许多与事实不符之处，你想借这些言语加以掩盖。然而，正如化了装的贼与没有化过装的贼都是我们所恨恶的一样，经过虚饰的语言也同样令人厌憎，应当予以弃绝，因为这样的表达显然有悖诚实的原则。的确，我们不必每次都把自己所知道的全部讲出来，有时必要的保留是应当的，尤其是当有人怀着不可告人的目的想要无礼地从我们这里打探一些我们不愿意透露的信息时，我们就可以有所保留。一个正直的商人，他应该是一个充满智慧的人，同时也是一个诚实的人，他的心思、话语、行为都是一致的。如果我们所说的话听上去像阿波罗的神谕一般，让人感觉不知所云或高深莫测，就很容易让人怀疑我们是否怀有欺诈的动机。没有人愿意别人欺骗自己，既然如此，我们也不应该欺骗别人。

3. 言语上要有所节制。

在与别人交易或交往时，我们的言语一定要有节制。圣经中有许多经文对言语上的不节制进行了谴责，把这样的表现统称为愚昧之举。"言语多，就显出愚昧。""你见言语急躁的人吗？愚昧人比他更有指望。"下面这节经文更是直接将多言多语称为罪："多言多语难免有过。"可人们为了一桩极小的生意花费了多少口舌啊！卖方总想着如何把价钱提高，买方却想着如何把价钱压低。双方总要花费相当长一段时间才能达成一致，其间彼此相持不下，谁也不肯在言语上让步。结果，一桩本来只需两句话就能谈成的生意，却因为在言语上争执的缘故，容让虚假、贪心和不义掺杂了进来，花费了百倍的精力才完成。鉴于此，生意人在处理小宗生意时，可采取向对方明码标价的方式；在处理大宗生意时，可采取向对方表明底线的方式。这样，不仅可以使自己的生意往来变得轻松愉快，还有助于建立并培养自己良好的名声和清洁的良心。这是许多生意场上成功人士的经验之谈。据我所知，凡是遵照诚实的原则行事为人的，都因此而获益颇多。

4. 不轻易发誓，誓言一经发出，总要谨守遵行。

要做到诚实，人们就要谨守自己的诺言和所订立的约。违约虽然很普遍，却是一项严重的罪行。约是在神面前立的，违约无异于对神的挑战，不仅是蔑视神的表现，也是不尊重他人的表现。违约给社会带来的是毁灭性的影响。一个敢于违背自己所立圣约的人，还有什么能对他形成制约呢？如果人人都可以不遵守自己的誓约，并任意破坏它，那么社会的秩序和国家的稳定也就无从谈起了。违约者及背信弃义之人，什么可怕的事都能干得出来，其结果不仅会使他个人、他的全家招致神的审判，甚至整个国家都会被牵连。他的所作所为无异于自我毁灭，甚至连那些无神论者也认为，这样做事的人注定会走向灭亡。可想而知，这样的罪对于一个国家来说有多严重，对于有良知的人来说破坏性有多大，它使人们在许多情况下被迫说出违心的话，使自己的诺言无法兑现。这样的罪一旦泛滥成灾，不要说立法机关会束手无策，其他任何方法也都于事无补。

拒绝谎言

　　靠着欺诈和弄虚作假的手段肆意出卖自己的良心和名声以换取不义之财的人，无异于将自己置于公义之神的震怒之下。这样的人，其行为实在是荒唐之极、愚蠢之极。以此种手段获取的财富，绝不可能带给他们真实的满足！这类不义之财也永远得不到神的祝福。做这类事的人，还要接受神的审判，因为这样的行为是神所厌恶的。一个人如果得不到神的祝福，他所得的财富岂能带给他真实的帮助或好处呢？人真的能不靠别的，只依靠财富就能逃离神公义的审判吗？神难道不能借着疾病和财物上的损失，使一个人追求财富和幸福的计划都落空吗？神难道不能使"众民所劳碌得来的被火焚烧，列国由劳乏而得的归于虚空"，然后等他们在地上过完了痛苦而绝望的一生之后，将他们驱入永恒的地狱之中吗？施行公义审判的神怎能允许狡诈之人在地上畅行无阻呢？以狡诈之舌获取的不义之财，岂不将他们带入更深的地狱吗？在这些事上，人岂有聪明智慧吗？人能料想到自己的行为带来的恶果吗？如果你看重的是自己在人前的好名声，珍惜的是内心的平安和永远的福乐，就要禁戒嘴唇不说诡诈的话，在一切事上都要遵从诚实的原则，把它铭刻在你的心版上，让它成为你行事为人的基本原则。此外，也要教导你的儿女及仆人们遵守这个原则。他们的舌头若不受约束，很快你就会品尝到他们的谎言带给你的苦果。每当你犯了口舌不洁的罪，没有按照诚实的原则行事为人，你都要发自内心地悔过自新。

除掉贪心

凡贪爱钱财超过爱神、不顾自己良心的人，都会因为贪财而违背神或拒绝听从自己良心的声音。贪财是引动人说谎并犯下许多其他罪行的根本原因。

学会依靠神

这会使你拒绝采用一切卑劣的手段来满足自己的需要。凡是学会依靠神的人，都不会以行恶的方式来满足自己的需要，因为他知道自己一切的需用，神必会供应。

认清谎言的实质

凡对谎言的本性有清醒认识的人，都不会轻易地犯这样的罪。

寻求神的同在

神的同在能帮助你胜过每一次谎言的试探。一个持续活在神真理之光中的人，绝不敢肆意地编造谎言。一个仰赖神、亲近神、认识神的人，怎么可能在光天化日之下无视他的真理和全能呢？对于那些寻求神的更新及恩典、盼望全然成圣、努力改变心思意念的人来说，就更是如此。一个人的心里如果仍然存有败坏及恶毒的本性，那么他想要禁止行恶的一切努力都将归于徒然。然而，耶稣基督的宝血能洗净他里面一切的过犯，神的灵能使他成为圣洁，经过这一切之后，他的心思和意念就是纯全、可喜悦的，因为被更新的良心最能抵挡一切的罪行。

相关的教导

我在这里已将诚实的本质及其必要性都摆在你面前，希望你在现实生活中能将之付诸实践。当然，这些话能否打动你，只有神自己知道。假如这些话没有打动你，我相信神自己的话必能使你有所感悟，神说："说谎之人的口必被塞住。"

"你们不可偷盗，不可欺骗，也不可彼此说谎。"（《利未记》19章11节）

"耶和华啊，谁能寄居你的帐幕？谁能住在你的圣山？就是行为正直，作事公义，心里说实话的人……他发了誓，虽然自己吃亏，也不更改。"（《诗篇》15篇1-2节、4节）

"有何人喜好存活，爱慕长寿，得享美福，就要禁止舌头不出恶言，嘴唇不说诡诈的话。"（《诗篇》34篇12-13节）

"你口任说恶言，你舌编造诡诈……你行了这些事，我还闭口不言，你想我恰和你一样；其实我要责备你，将这些事摆在你面前。"（《诗篇》50篇19、21节）

"行诡诈的，必不得住在我家里；说谎话的，必不得立在我眼前。"（《诗篇》101篇7节）

"谎话是我所恨恶所憎嫌的，惟你的律法是我所爱的。"（《诗篇》119篇163节）

"耶和华所恨恶的有六样，连他心所憎恶的有七样，就是高傲的眼，撒谎的舌。"（《箴言》6章16—17节）

"口吐真言，永远坚立；舌说谎话，只存片时……说谎言的嘴为耶和华所憎恶；行事诚实的，为他所喜悦。"（《箴言》12章19、22节）

"义人恨恶谎言，恶人有臭名，且致惭愧。"（《箴言》13章5节）

"作假见证的，必不免受罚；吐出谎言的，终不能逃脱……作假见证的，不免受罚；吐出谎言的，也必灭亡。"（《箴言》19章5、9节）

"也不可用嘴欺骗人。"（《箴言》24章28节）

"他们弯起舌头像弓一样，为要说谎话……并不认识我，这是耶和华说的……他们各人欺哄邻舍，不说真话，他们教舌头学习说谎，劳劳碌碌地作孽……耶和华说：'我岂不因这些事讨他们的罪呢？岂不报复这样的国民呢？'"（《耶利米书》9章3、5、9节）

"城里的富户满行强暴，其中的居民也说谎言，口中的舌头是诡诈的。因此，我击打你，使你的伤痕甚重，使你因你的罪恶荒凉。"（《弥迦书》6章12—13节）

"你们所当行的是这样：各人与邻舍说话诚实，在城门口按至理判断，使人和睦。"（《撒迦利亚书》8章16节）

"你们是出于你们的父魔鬼，你们父的私欲，你们偏要行。他从起初是杀人的，不守真理，因他心里没有真理；他说谎是出于自己，因他本来是说谎的，也是说谎之人的父。"（《约翰福音》8章44节）

"并且穿上新人，这新人是照着神的形像造的，有真理的仁义和圣洁。所以你们要弃绝谎言，各人与邻舍说实话，因为我们是互相为肢体。"（《以弗所书》4章24–25节）

"不要彼此说谎，因你们已经脱去旧人和旧人的行为。"（《歌罗西书》3章9节）

"城外有那些犬类、行邪术的、淫乱的、杀人的、拜偶像的，并一切喜好说谎言、编造虚谎的。"（《启示录》22章15节）

Chapter 7

第七章

知　足

知足的本质

知足是指在神为我们安排的地位和工作中拥有满足的喜乐。有些人生来愚拙，还有些人生来自负，后者无论在什么情况下都想要靠自己的努力自足，但这样的满足与我们所说的基督徒的知足不同。基督徒之所以知足，是因为知道一切都在神的掌管之中，这位神不仅是我们的造物主，也是我们的供应者，他可以按着自己的旨意在我们身上做任何事。我们可以像信赖父亲和朋友一样，单单地信靠他。他的智慧与良善使我们相信，无论我们处于何种生活景况中，他都能满足我们的需要。这种对神恩典的信靠，使我们学会了凡事知足。然而，怎样才能得着这份满足呢？很少有人对自己的景况感到满足。人们不断地寻求变化，但等他们真的得着了自己所求的，就发现自己变得比以前更不容易满足。做子女或做仆人的，为自己无法挣脱父母或主人的束缚感到不快；做父母或主人的，为自己总是为事务烦心操劳而忧愁；未婚的为自己尚未找到另一半忧心忡忡；已婚的为婚姻中的困扰烦恼不已；穷人看到富人就心生嫉妒；富人则对穷人平静而健康的生活艳羡不已。商人也不例外，总有一些事情会将他们卷入挑肥拣瘦、吹毛求疵的不快当中。的确，当人类的先祖亚当被逐出幸福快乐的伊甸园时，不满足就像瘟疫一样袭卷了整个人类，这样的情况一直持续到神重新更新了人类的心灵为止。他让人们看到自己的欲望需要受到约束，在这个世界上还有比享乐、声名和财富更持久、更深入的快乐，那就是喜爱并享受那位伟大的、充满祝福的神自己。

在经营中如何做到知足

遇到以下情况时，商人们应当如何活出这样的满足呢？

面对经营中的不愉快

经营中遇到不顺心的事和困难时，总要以愉快的心情来面对。生意往来中难免会遇到不顺心的事，这是每个人都无法避免的。商人遇到的不顺大概来源于以下几个方面。首先是他的工作使他对其他人有很强的依赖性。如果他从事的是机械贸易，他就需要依赖技术人员；如果他从事的是商品买卖，就需要依赖工厂、工人和顾客。这些人性格各异，有喜欢空想的、有小气吝啬的、有专横跋扈的、有变化无常的、有游手好闲的，与这些人打交道需要极大的耐心。其次，他总要处理那些游手好闲、漫不经心、不忠心且心怀叵测的仆人带给他的麻烦。这些人只要有片刻的工夫看见他不在身边，就会给他的生意造成纰漏，不是轻慢他的顾客，就是私自挪用他的产品，给他的生意造成极大的损失。再有就是他需要与各种各样的人打交道，这些人中有些是惯于弄虚作假的，还有一些是没有诚信、欺诈成性的。此外，还有一些不便是他生意本身的性质造成的。有时他的生意需要他付出极大的体力；有时他的生意需要他持续不断地予以关注；有时他忙得不可开交；有时他又清闲得无事可做。遇到这些事，如果没有一个好的心态，就很容易心浮气躁，对生活充满了牢骚。虽然没有人愿意活在这样的困扰与烦恼当中，却无人得以幸免！更不幸的是，人们因为无知，当发现自己无法改变别人时，就开始自我折磨，且不厌其烦地抱怨起经营中的麻烦来。

然而，你是谁，以为自己可以逃避这些不顺心之事，非要凡事都得让你满意才行？为什么你只想改变别人的脾气和性格，而不是你自己的？为什么我们这些一天到晚寻求完美的人，自己却有如此多的不完美？为什么我们不愿意经历生活中诸多不顺心的事？其实，正是这些不顺心的事让我们学会了忍耐，让我们明白虽然我们无法改变别人，却可以不受别人的影响，学习拒绝让痛苦和烦恼给我们生活上徒增重担。正是生活中这些不顺心的事，让我们看见了神将我们放置在其中的美意——他让我们在这些经历中培养出智慧、忍耐及谦卑的品格，变得更加成熟，能更好地享受生活。

顺利时应感恩

《传道书》的作者告诫我们："遇亨通的日子，你当喜乐；遭患难的日子，你当思想。因为神使这两样并列，为的是叫人查不出身后有什么事。"（《传道书》7章14节）与其他职业相比，经商是一个比较舒适的职业。你不必像农夫那样劳苦，也不必像海员或士兵那样时常暴露在危险之中；你不会遭遇到严酷天气的侵扰，也不会经历其他人为了谋生以及养家糊口所必须经历的苦难；你不会因为白天过度劳作，晚上躺下时骨头酸痛，也不会像苦力那样过着缺衣少食的生活。你养尊处优、穿着体面、凡事亨通，为此，你总当存一颗知足感恩的心。由于你所从事的职业需要更多地思考，因此，通常情况下，你会比其他的体力劳动者拥有更好的教育背景；从小你的家庭就为你提供了许多接触其他人、事、物的机会，好叫你见多识广；在闲暇时，你可以借着阅读和交友积累更多的智慧和知识，从而让你的生活变得更加精彩，同时也享受到更多生活中的乐趣；一般情况下，你比其他人拥有更多聆听神话语的机会，也有更多机会得到圣经以及其他有益你灵性成长的属灵书籍，有更多机会接触到信仰及品德方面的教导，有更多机会使自己变得更加智慧和成熟。与你相比，许多人根本没有机会获得知识，他们接触不到信仰方面的教导。所以，就许多方面来讲，你比绝大多数的人拥有更多的福分。如果你在工作上勤奋努力，就会加倍地获得神的祝福，不仅让自己的生活过得更加舒适，还能为你的后代子孙积累下丰富的产业，而其他人可能还过着食不果腹、衣不遮体、顶无遮盖的困窘生活，一生中最大的追求就是让孩子学习读书、写字，以便将来在你所从事的行业中谋得一席之地。此外，经商的人比其他人拥有更多行善的机会。除了追求幸福以外，能给人带来极大的荣誉和快乐的事，恐怕就是行善了。你可以借着劝勉和以身作则，让在你手下工作的年轻人看到信仰和品德的重要性；你可以靠着神的恩典，将信仰的原则教导给他们，帮助他们培养良好的习惯，更好地享受未来的生活，并成为周围人的祝福；你可以将神带给你事业上的祝福，也带给周围那些贫困的人群。值得一提的是，目前绝大多数成功的慈善团体都是由商界人士发起的，他们实力雄厚，能够持续不断地为造福其他人贡献力量。

当然，生意人应该为自己工作中所拥有的一切便利条件而心存感恩。每一个行业都有优点和缺点。如果你的生意非常劳力，那通常意味着你不必为它太过操心，也不必担心会遭受太大的损失；如果你的生意只是简单的商品买卖，那通常意味着你会拥有比别人更多的闲暇时间，而且不会太过劳累；如果你的生意具有风险性，那通常意味着你会比别人挣到更多的钱。你可能会因为所做的生意而有很多机会欣赏到大自然的美丽，而别人可能会因为他所做的生意而有很多机会接触到不同的艺术珍品。无论各自的经营条件如何，生意人都应该这样对自己说："我所拥有的一切都是最好的，我不必嫉妒别人，或为自己心怀不满，我要为我所拥有的一切祝福心存感恩。"

困境中要谦恭忍耐

商人们经常需要付出极大的耐心面对经营中的损失和一些令人失望的事。有时，腐败变质的货物会给他们带来相当大的损失；有时，与贸易伙伴的洽谈以失败而告终；有时，海上遭遇的暴风雨使他所经营的货物损失惨重；有时客户不断要求货品花样翻新也会给他带来不小的损失，这些损失会令他不安、迷茫和不快；有时，他会因为某些人不诚实的行为而谴责所有人，从而导致自己的生意失败；许多时候，他会因为事情没有按照自己的计划发展，就开始怀疑神对自己的看顾，虽然他嘴上并没有这样说，但由于没能得着自己想要的结果，他再也感受不到生活的乐趣，也不再为自己所拥有的一切向神献上感谢。

然而，一个拥有感恩之心的基督徒会有不同的表现，虽然他也会为所遭遇的损失难过，但他会靠着辛勤的劳动将这些损失都弥补回来；即使所遭遇的事的确很糟，他也决不让自己陷入到悲观绝望之中，拒绝在工作中继续尽责任。他知道，持续不断的喜乐只有在神里面才能找得到，它是一个拥有清洁良心的人外在的表征；他知道，无论遭遇患难还是在顺境中，满有智慧及良善的天父都会看顾他；他知道，在面对损失时，他表现得越平静、越顺服，就能越快地弥补他的损失；即使他的损失是因为别人的违约造成的，他也能为自己没有因此而破产向神献上感谢；如果他发现自己的损失不是因为别人的违约造成的，他就会对所有与他同受损失的人表示同情。

拒绝一切邪恶和消极意念

应拒绝一切使人感到不满足的恶习，其中包括：

（1）野心。指不安于自己的经营现状，设定了超出目前经营范围的成功标准。鞋子合不合脚，只有自己知道。错误的野心首先摧毁的是父母对我们的期望。许多商人因着不合理的野心，经营了错误的生意，使自己过去创造出来的财富被消耗殆尽；还有些人满心思想的就是如何达成更高的期望和目标，然而这些期望和目标让他们对自己目前的现状越来越不满意，心里越来越不快乐，让他们无法再活出爱神以及爱人如己的教导。此外，对这些目标的追求，还令他们心中生出了许多骄傲和不切实际的幻想，使他们无法用手中已有的一切去造福更多人。

（2）嫉妒。指人们看到别人取得成功时心生不满。我们常听人说："那人一点不比我强，可他为什么就比我更做得更好呢？"还有人说："我比那人勤快多了，可他为什么就比我成功呢？"还有人说："没见他费什么劲或遭什么罪，可他为什么就能挣那么多钱，总能心想事成呢？"的确，这个世界并不总是公平合理的，我们付出许多精力和劳苦才获得的财富，别人可能轻而易举地就获得了。于是，嫉妒让我们开始对他们所拥有的漂亮的房屋、精美的家具、蒸蒸日上的事业和其他各样的享受心存不满。可我们为什么要对这一切心存不满呢？神要问你："因为我做好人，你就眼红了吗？"其实，只要你肯谦卑下来，就能看见我们的神，这位宇宙的主宰，他最清楚应该如何倾倒他的祝福。神知道你邻舍一切的丰富，也知道你的骄傲使你败落；神知道什么是对你和你的邻舍最好的安排，所以，你总当向神在你生活中安排的一切献上感谢才对。你若知道天父何等眷顾你，就会为自己所拥有的一切心满意足，并相信你对幸福生活的向往他必会成就；但如果你总是看着别人所有的和自己所无的，就会为此心存抱怨，不肯在神的安排面前降服下来，于是为自己平添了许多痛苦。而那些你满心嫉妒的人，他们内心的重担你能体会吗？你看见的只是他们外表的幸福快乐，而他们内心所遭受的痛苦，你知道吗？你看到他们似乎活得轻松愉快，没有恐惧、没有忧伤，但他们在骄傲、情欲以及记念神等事上所遇到的试探有多大，你能感受得到吗？这些人其实更需要的不是人们的嫉妒，而是人们的同情。所以，见人发财、家室增荣的时候，你不要惧怕。当你为了别人的成功欢喜时，你其实是在与他一起分享他的成功；而当你因为别人的成功而心存嫉妒时，你实际上是剥夺了自己本应享受的快乐。

（3）贪婪。这是一种令人感受不到满足的恶习。我在这里所说的贪婪是指人们对财富不可遏制的渴望，这种渴望让人们以为自己若不成为富甲一方之人就不会快乐。这个想法一旦进入人的头脑，就会持续不断地咬噬着他的心灵，使他再也无法享受到安息；他对自己所拥有的一切都感到不满足，一心希望的就是拥有得更多；他无法承受损失，哪怕是一丁点的损失都会让他忧虑不已；一遇到不顺心的事，他就开始愁苦哀叹；

为了省钱，他不肯让自己有任何一点享受，不断地削减家里日常的开销，并对穷人的需要视而不见；他如饥似渴地渴望拥有更多的财富，但得到的越多，心里就越不满足。他不明白，财富并不能令人变得更加智慧、快乐或良善，也不能保证他会拥有一颗清洁的良心、做正确的事情。有人说，他不断追逐财富是为了要造福其他的人，真的吗？要想判断这种说法是不是真诚，你只要看看这人目前是如何使用他所拥有的钱财就可以知道了。如果在小钱上都吝于施舍，他在大钱上也绝不会出手大方；一个人如果不知道如何有效地管理好小钱，他也绝不可能成为一个懂得如何处理大笔钱财的好管家；如果你现在不敢将自己拥有的钱财交在神手中，相信他能将这些钱用在最合宜的地方，那么等你拥有了大笔财富之后，因着骄傲、享受或贪爱钱财等等私欲，你也绝不会把这笔钱财用在真正合用的地方。我知道有些人想要通过积累财富使自己获得满足，但事实上，贪爱银子的，不因得银子知足；贪爱丰富的，也不因得利益知足。神的真理和人们自身的经历不断地说明了这样一个事实："人的生命不在乎家道丰富。"因此，"财宝增加，你不要放在心上"，同样，财宝减少，你也不要为此而忧伤。总要在神面前存着一颗诚实无过的良心，让自己除了渴慕神以外，在世上别无所求。因为在神之外，并无满足。

（4）悲观。这是另一种令人无法满足的恶习。商人们很容易在生意萧条时感受到这样的情绪。他发现自己花费重金装饰的店铺，客人却寥寥无几；他满心期待能够获得更多的订单，但真正成交的屈指可数；他费尽心机、耗尽钱财筹备好的生意，却前途未卜或困难重重；他债台高筑、入不敷出；他无力应付房租以及家庭生活的各项开销；有时，他发现自己未来的前景比现在的光景更令人沮丧；他看不到希望，认为无论自己多吃苦耐劳、勤劳肯干都不会改变自己的景况；这些困难令他意志消沉，心中丧失了继续努力的希望。而一个基督徒商人，因着他所拥有的信仰，在面对这些苦难和困境时却有着不同的表现。他继续勤奋地工作、尽可能地节省每一分钱、尽量不让悲观情绪来影响自己；每一次合适的机会他都不会轻易放过；在困境中，他仍然坚定地相信神的应许和眷顾必不致落空；他坚信智慧良善的神能使万事相互效力，为了让他得益处；他相信神永远都不会离开或撇弃那些敬畏并依靠他的人，尽管有时神允许逆境临到义人身上，而那是因为神要在这样的环境中，教导他们谦卑并全心全意依靠他的功课，因此逆境带给义人的最终都是美善的结果，那是短暂的、地上的祝福无法带给你的快乐。结果是，常常在你最需要的时候，你得到了满足，远超过你的所求所想。因此，你要靠着对神坚定的信心胜过沮丧，持守自己的职责，拒绝一切忧虑与烦恼对自己的侵扰。"所以，我告诉你们：不要为生命忧虑吃什么，喝什么，为身体忧虑穿什么。生命不胜于饮食吗？身体不胜于衣裳吗？你们看那天上的飞鸟，也不种，也不收，也不积蓄在仓里，你们的天父尚且养活它。你们不比飞鸟贵重得多吗？"（《马太福音》6章25-26节）

（5）从事过多的经营活动也会剥夺人的满足感。努力工作并不会让人感到不满足，但是一个人如果纯粹为了积累更多的财富，而从事过多的经营活动，甚至想要侵吞别人的生意，就会让他里面产生不满足。他之所以不满足，是因为他里面已经起了贪心。如果一个人是为了满足生活的基本需要，而不是因为贪心而经营两桩或两桩以上的生意，是完全可以的，因为有时单一的生意所获得的收入，尚不足以维持家庭的基本需用。但是你所经营的生意，最好不要彼此干扰，也不要影响你尽爱神及爱人的本分，否则，你就当看这些生意是对你的捆绑，而予以弃绝。不要因为从事这样的经营活动而忽略了对其他人应尽的责任，因为我们受造，不应只是关心自身的利益，也要关注别人的利益；你从经营中所获得的收益，除了满足自己的家庭需用外，还应当供给其他有需要的家庭，否则你的生意是不会蒙神祝福的，因为智慧良善的神更关注全人类的福祉，他祝福那些懂得回馈社会的人。同理，你不可因为别人的房屋比你的舒适、他们的店铺比你的获利更多，就生出贪恋之心，甚至采用连你自己也不齿的手段将之据为己有，使别人的利益受到损害。在与人相处时，你总当本着公平的原则，凡事替别人着想。

遭遇失败时恒久持守

遭遇失败时恒久持守，是让人保持满足的一个秘诀。有些人一遇到生意上的挫折或失去了对所做之事的兴趣，就马上选择重起炉灶另开张；还有些人，由于缺乏对所做之事的定见，总是让自己活在不断的变化之中。虽然我们总是这山看着那山高，总觉得别人所从事的工作比我们自己的强，但因受到教育背景及行业知识的限制，我们的期望常常无法如愿；再加上我们缺乏对其他行业的性质及其困难的了解，我们很难在那些行业取得更好的成绩。因此，在做跨行业的选择时，你应当慎而又慎，要察验自己是否已经充分地了解了新行业的情况，是否已经具备了在该行业施展自己抱负的能力，是否已经认清了从事该行业可能给你带来的前景。此外，你还要与有见识和经验的朋友一起，就上述问题一一进行充分的探讨。

跨行业会带来经营地点和经营状况上的变化，这些变化给人带来许多的不便之处。选择转行的人，有许多时候是由于他们不安于以前所从事的行业，也感到不满足。如果人是因着不满足而时常改变自己的处境，这样的人不是像智者所描述的"人离本处飘流，好像雀鸟离窝游飞"那样不知所终，便会遭遇到像流便一样的命运——"放纵情欲，滚沸如水，这样的人必不得居首位"（《创世记》49章4节）。

知足的必要性

知足是一种温柔、快乐的品性，其必要性和重要性如下。

知足是神对我们的命令

"你们存心不可贪爱钱财，要以自己所有的为足。因为主曾说：'我总不撇下你，也不丢弃你。'"（《希伯来书》13章5节）神在这里所定下的原则再清楚不过了，他在这里所提出的理由也再充分不过了：你们要以自己所有的为满足。不要将眼目总是盯在别人的所有上，并以此为你的标准；别人富足可能是因为他们懂得如何恰当地处理好自己的财富，并懂得如何以自己所有的为满足；你可能年纪轻轻就已经活得比许多人更舒适，但你不知道你所拥有的是否有一天会遭遇不测，你也不知道婚后是否会因为家庭人口的增多，而使家庭支出日益增加，因此你总要以你现有的一切为满足。不要以为你只有在得到了自己所希望的一切（如生意兴隆、家庭开支减少、拥有好房子、财产损失降低）之后，才能感觉到满足，真正的满足不在于你是否拥有了这一切，而在于你处在任何的生活境遇之下，都能拥有一颗平安、喜乐、感恩的心，知道自己所需用的一切神都会照管。神会为你提供你所需的工作，并在你认为最不可能的情形下使你蒙福，因为为我们选择产业的是耶和华。难道我们对神的良善和智慧还有什么疑问吗？

不满足的害处

不满足令我们怀疑神的眷顾，也令我们的祷告没有果效，因此，不知满足是极其有害的，无论从根源上看，还是从它所带来的结果上看，都是如此。神是配得称颂的，他是宇宙万物的主宰，对一切所造之物拥有绝对的权柄；神的本性是全然公正的，他充满智慧，他的旨意永远是最完美的。然而神完美的旨意，有时不是我们这些愚昧无知的人所愿意接受的，因为它们可能与我们所愿所求的刚好相反。但我们怎么可以要求神违背他自己完全的旨意，为着我们这些软弱、见识短浅的受造物改变自然法则，来迎合我们的期望呢？对我们有害的，也许正是对其他人有益的，比如使我们遭遇船难的狂风，可能刚好将两艘陷入泥沼的船拯救了出来，如果是这样，我们有什么可抱怨的呢？我们不是常祷告说"父啊，不要按我的意思行，只要按你的意思行"吗？为什么当神的旨意临到时，我们却开始抱怨了呢？抱怨只能说明我们的祷告并非发自内心，要不然，我们就是在自欺了。

还有许多恶行会使我们不满足。究其根源，不满足源于我们内心的骄傲、嫉妒、贪婪、缺乏信心和对自己所拥有的一切缺乏感恩。不满足带来的结果也是极其有害的。它使我们无法尽上自己的职责，无法很好地享受信仰生活带给我们的快乐。不知足的人完全丧失了爱的能力，以及向神献上颂赞、感谢和以神为乐的能力。不满足扭曲了我们的灵魂，使它无法得到安息。我们就像刚开始学习负轭却不习惯的小公牛一样，不断地抗拒着加在自己身上的担子，只要没得着自己所愿的就口发怨言，结果我们无法真正地享受到本属于我们的祝福。许多时候，我们的挣扎无异于延长了自己的痛苦，却不知如果我们怀着一颗谦卑、忍耐的心，天父的祝福反而会丰丰富富地临到我们。

基督徒要知足

不知足对真正的基督徒来说不啻为耻辱。我们拥有神完美的旨意和基督里无限的丰富，我们拥有圣灵在福音书里一切的应许，我们里面拥有神的性情以及一切美善之果的确据，我们心里存着对永生美满生活的盼望和憧憬。如果拥有这一切之后，我们仍然感到不满足，那实在是对我们所拥有的一切至高权利的无礼践踏。"无论遇到什么都要默默承受，因为你是一个人。"这是一个异教哲学家写下的箴言。同样，我要说，要在一切境况中满足，因为你是基督徒。我们活着是靠着信心，一切不出于信心的行为都是我们应当弃绝的。

凡事都应知足

　　无论我们的生活境遇多么卑微、多么贫寒，都要凭信心活出我们信仰的实质来，使神的名因此得荣耀。我们在节俭、敬虔、忍耐、勤劳和正直等品格上的美好见证，不仅会影响到那些和我们生活境遇一样的人，甚至会影响到那些生活境遇比我们优越的人。一个人为了信仰的缘故，怀着一颗乐善好施的心，甘心舍弃自身的好处，自愿从有限的钱财中拿出一部分帮助别人，虽然拿出来的有限，但他的慷慨之举会比那些富人一掷千金的举动受到更多人的赞誉。低微的工作和那些看起来高尚的工作同样可以造福人类，这就好似一座设计良好的大厦，虽然离不开横梁和立柱的支撑，但卯钉也同样对它的装饰与坚固起着不可或缺的作用。最普通的机械行业对一个国家的贡献通常比那些看似高尚的行业更大，后者可能会使一个国家拥有好的国际形象，但前者是一个国家赖以生存的根基。鉴于此，我特别奉劝那些从事低微行业的人，不要与任何人进行比较，总要在神为他们安排的岗位上心存感恩，即使那个职位是这个社会上最微不足道的，也当如此。

怎样才能知足

要想知足，就必须做到以下几点。

专注永生真理

要知道，你在地上短暂的停留只是为了永生做准备。在地上，你会经历许多内忧外患，也会为许多毫无价值的事情奔波忙碌，但如果你仔细审察自己灵魂深处的需要，就会发现你是多么需要神的怜悯，多么渴慕神的正直与良善。如果你真的看清了自己灵魂的需要，其他任何事情都不会夺走你对正直和良善的渴慕。但罪人是何等愚昧！他们一味地沉醉于那些短暂而虚空的事物之中，完全抛弃了他生命中神的形象，对即将临到的神的烈怒全然无知，也不知道死亡随时会剥夺他脆弱的生命，使他进入到永恒的沉沦之中。

存谦卑的心

骄傲让人对自己所领受的恩典完全不以为然。骄傲之人一遇到不顺心之事就变得焦躁不安。而一个深知自己生命不完全的人，总会心存谦卑，这样的人能够承受临到他的苦难，也很容易对自己所蒙之恩心存感激。谦卑的人知道，虽然我现在的条件尚有不足，但我仍能对自己所拥有的一切心存感恩，因为我本不配得着什么。按着我的本相，我本该忍饥挨饿，在困苦与不幸中日渐衰残。我知道有人过得比我强，但我想那是他们应得之份，而我自己并不配得什么，因此，我拥有的虽然有限，却也能为此而知足。

避免空想，节制欲望

感恩让人虽拥有的很少也能知足，骄傲让人一无所得。人真正的需要其实没有多少，很容易就能满足。但如果人们把自己想象出来的需要，或者自己的贪欲都算进去的话，就会发现我们的需要多得似乎永远也无法满足。人们要想知足，唯一的方法就是要满足于自己现有的一切，同时相信我们其他的一切需要，神都会随时提供给我们。然而，如果我们总是不满足于自己的现状，想要获得的更多，就会发现，我们拥有得越多，需要也就越多，我们也就会变得越来越不容易满足。相反，如果我们能够避免空想，节制自己的欲望，就很容易为我们所拥有的一切感到平安与快乐。

信靠神，将你一切福祉交在他的手中

信靠神的人很容易为自己所有的一切感到满足。与神同行，真正以神为乐的人，很容易享受到极大的满足。世人生活在这个受蒙蔽的世界上，每日追求尘世虚空的幸福，忽视圣灵所启示的真理，他们根本无法体会这种满足。那些属神的人，知道神一切的丰盛带给他的益处，因此很容易在任何一种生活境遇下感到满足。因此，我们必须学会以自己所有的一切为满足，相信神会供应我们的一切所需。并且，我们也要相信神不仅是智慧的，也是良善的，他最清楚什么才是对我们最好的，如果我们愿意努力讨神的喜悦，神也愿意随时倾福与我们。神向热爱并敬畏他的人应许说，要将一切的荣耀和快乐都赐给他们，绝不会留下一样好处不给他们。我们要学会靠着神的话和应许生活，因为神的话和应许立定在天，无论遇到何种情况，永远不会改变。此外，我们还确知，凡仰赖神的人永远也不会蒙羞。

相关的教导

"我赤身出于母胎，也必赤身归回。赏赐的是耶和华，收取的也是耶和华；耶和华的名是应当称颂的。"（《约伯记》1章21节）

"哎！难道我们从神手里得福，不也受祸吗？"（《约伯记》2章10节）

"你当默然依靠耶和华，耐性等候他。不要因那道路通达的和那恶谋成就的心怀不平。当止住怒气，离弃愤怒；不要心怀不平，以致作恶。因为作恶的必被剪除，惟有等候耶和华的必承受地土……一个义人所有的虽少，强过许多恶人的富余。因为恶人的膀臂必被折断，但耶和华是扶持义人。"（《诗篇》37篇7-9、16-17节）

"他们心中试探神，随自己所欲的求食物……因为他们不信服神，不倚赖他的救恩。"（《诗篇》78篇18、22节）

"少有财宝，敬畏耶和华，强如多有财宝，烦乱不安。"（《箴言》15章16节）

"我求你两件事，在我未死之先，不要不赐给我：求你使虚假和谎言远离我；使我不贫穷，也不富足，赐给我需用的饮

食。恐怕我饱足不认识你说，耶和华是谁呢？又恐怕我贫穷就偷窃，以致亵渎我神的名。"（《箴言》30章7-9节）

"眼睛所看的，比心里妄想的倒好。这也是虚空，也是捕风……加增虚浮的事既多，这与人有什么益处呢？"（《传道书》6章9、11节）

"我造光，又造暗；我施平安，又降灾祸；造作这一切的是我耶和华……祸哉！那与造他的主争论的，他不过是地上瓦片中的一块瓦片。泥土岂可对抟弄他的说：'你作什么呢？'"（《以赛亚书》45章7、9节）

"于是对众人说：'你们要谨慎自守，免去一切的贪心；因为人的生命不在乎家道丰富。'……你想，乌鸦也不种，也不收，又没有仓，又没有库，神尚且养活它，你们比飞鸟是何等的尊贵呢！"（《路加福音》12章15、24节）

"我无论在什么景况都可以知足。"（《腓立比书》4章11节）

"敬虔加上知足的心便是大利了。因为我们没有带什么到世上来，也不能带什么去，只要有衣有食，就当知足。但那些想要发财的人，就陷在迷惑、落在网罗和许多无知有害的私欲里，叫人沉在败坏和灭亡中。贪财是万恶之根。有人贪恋钱财，就被引诱离了真道，用许多愁苦把自己刺透了。但你这属神的人要逃避这些事。"（《提摩太前书》6章6-11节）

Chapter 8

第八章
信　仰

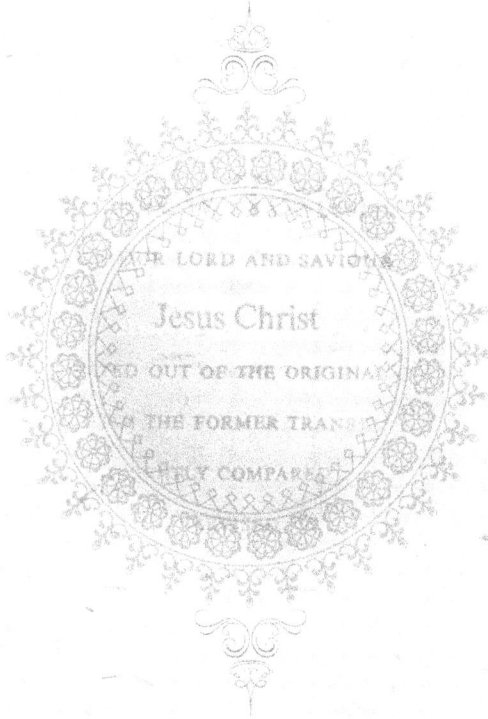

信仰概述

　　信仰的内容十分丰富，前面我们所讲到的节俭、勤劳、公正、言语的正直、知足等内容都可以包含在其中。这一章我们会就我们在神面前应有的行为表现做一点简单的思考。圣经中清楚地指明了信仰的实质，让我们知道应当如何使我们的思想、行为与神的话语一致。圣经中还提供了一些实用性原则，可以帮助我们改变生命和品格，如"敬畏神"、"爱神"、"认识神"、"行在神的面前"、"存清洁的良心"、"拥有属灵的看见"，等等。

　　但这些原则无法被头脑受蒙蔽的人所领会，他们的头脑无法理解什么是神的爱和神的良善，他们的认知和品格均受到了罪的损害与扭曲，他们原本正直的本性已完全被感官的、邪恶的欲望及情感所取代，他们的人性已彻底败坏。这就是为什么一个人接受信仰时，我们会说他实际上是经历了一次"重生"，成为一个"新造的人"，"在基督耶稣里被重新塑造成一个新人，预备行各样的善事"，而且"心思和意念已在圣灵里得到了更新"。当一个人心里邪恶的根源被清除之前，任何想要帮助他们改变思想和行为的努力都是徒然的。好树结好果子，坏树结坏果子。一棵树要结出好果子，就必须成为一棵好树。我们的良心必须被洗净，让基督"除去我们的死行"，这样我们才能"用心灵和诚实"与耶稣基督联合，才会乐意去侍奉那位又真又活的神。如果我们的悔改不是在神的面前真正依着他的意思忧愁，也不是因为真心相信救主伟大的救赎，这样的悔改又有什么用呢？如果我们向神献上的赞美和感谢，不是源于我们内心对他真正的爱慕以及对他的怜悯的感激，这样的赞美和感谢又能给我们带来什么益处呢？如果我们向神发出的祷告和祈求不是发自内心最真实、最恳切的呼求，这难道不是对这位无限尊荣的神的极大讽刺吗？如果我们对神的爱和尊崇，不是源于甘心完全降服于他所有旨意的愿望，这样的爱与尊崇又有什么益处呢？总之，如果我们期望神的工作能得以完成，就必须彻底降服于他的旨意，而彻底降服于神的旨意，要求我们必须具备一个更新的灵，因为体贴肉体的人是与神为仇，他也不能服神的律法（参见《罗马书》8章7节）。而且属肉体的人也不能得神的喜悦。

信仰实践

信仰生活不仅要求我们拥有对主耶稣基督的坚定信心，而且要求我们在神面前有清洁的良心。下面我们来看一下如何在生活中实践出我们的信仰。

活出信仰

神的完美对我们意义重大。神的尊贵及伟大让我们无论是在思想他、谈论他的时候，还是在敬拜中亲近他的时候，都对他生出一种由衷的敬畏之情。任何轻视、贬低神的想法，任何妄称神之名的不敬之举，或是在敬拜中随意提及神圣名的妄行，都是对神无限尊荣的不敬。如果我们希望神悦纳我们的服侍，就必须"用虔诚、敬畏的心侍奉神，因为我们的神乃是烈火"。（《希伯来书》12章29节）神无可限量的良善及荣耀，令我们在至高喜乐中对他生出由衷的爱慕；我们本当用至高之爱来爱神，如果我们用这样的爱去爱恋那些受造之物，就羞辱并贬低了这位至高之神的至尊，必会招致神的审判。神不仅是至善的神，同时也是整个宇宙智慧、良善和一切美好的源头，他最关切我们的需要，只有他的灵才能给我们带来最持久的快乐与满足。正因为如此，我们才应当尽心、尽意、尽力爱主我们的神。神的本性和他的祝福值得我们以全身心渴慕与爱恋他。他创造了我们，让我们享受这一切，使我们得与他良善的本性有份，并靠着他行出各样的善事。神的纯全与圣洁，让我们看到了自己的污秽与败坏，也赢得了我们对他由衷的尊崇与敬拜。因着这位令人敬仰的救主对我们的罪的赦免以及灵的更新，我们重新回到了他恩典的怀抱里。我们在神圣洁的本性上越是像他，内心的平安也就越发增添，我们也就越来越能以神为乐。神是无所不知的神，他的全知令我们不得不省察内心各样的筹算与思念，使我们无论是在侍奉他时，还是在与人交往时，都要远离虚假与伪善。由于我们持续不断地活在神的同在中，我们所有的一切都无法逃过神的眼睛，因为"万物在那与我们有关系的主眼前，都是赤露敞开的"（《希伯来书》4章13节）。神透过劝诫及应许，让我们看到了他的智慧、全能、公义与真理，这一切在他的话语以及眷顾中已充分地显明出来。

　　神与我们的关系表现在，我们是属于他的，我们的行为表现本当显明我们与神之间的从属关系。作为受造之物，我们必须知道神是我们绝对的主宰和所有者，我们是属于他的，我们与神的从属关系是我们与我们所拥有的财物之间的关系无法比拟的。只有透过神，我们才能享受所拥有的一切，因此我们理当无怨无悔地将自己以及所有的一切都奉献给神，并以此作为我们一生的追求。我们应当全心降服于他的旨意，全然信靠他恩典的看顾。我们不必担心神会在恩典和祝福上对我们有所保留，也不必担心我们在服侍他时得不到快乐与荣耀，神定会赐福给我们，远超过我们的所求所想。要知道，你们不是属于自己的，而是属于神的，因此总要在你们的身子上和心灵里荣耀神。神是施恩者，我们总当因着神的良善相信他定会顾念我们的需要。让我们不住地来到神的面前寻求他的祝福，因为我们的好处不在他以外；让我们常常为着神所赐下的祝福心存感激，并向他献上最真诚的感谢，让这份感谢能透过我们对他的爱以及生命的改变流露出来。这是每一个受造之物在面对我们至高之主以及创造者时应尽的义务和应有的态度。

然而在许多情况下，因着里面罪恶、败坏的本性，我们常将自己置于神的审判之下，在圣洁、无瑕疵的神面前显露出自己的丑恶之处。若不是神以无限的恩慈和怜悯代替我们受死，以此方式救赎并洗净了我们，我们将永远与神的恩典隔绝、永不能蒙神的悦纳。这个在基督里成就的伟大福音是提供给所有愿意认罪悔改、承认自己的过犯、真诚地接受耶稣为救主的人的。只要我们肯为自己不顺服神、背叛神的罪行忧伤痛悔，愿意悔改，就要得着永生，并在其中享受永远的安息与满足。奔向避难所是为了逃离将来神公义的审判。我们要相信只有耶稣基督是罪人们唯一的救主；我们要相信通过耶稣的舍己牺牲，我们已与神和好；我们要效法耶稣圣洁的生活，跟随他的脚踪行；我们要遵守耶稣一切的教导，因为他的教导能改变全人类；我们要遵守他所颁布的天国法则，因为耶稣不仅是宇宙之主，也是教会的元首。要做到这一切，我们必须接受圣灵的引导，让圣灵在我们里面做清洁与更新的工作，让我们里面神的形象得以恢复，让我们的品性和思想与神儿女的名相称。我们不仅现在要服侍神，将来更要享受与他同在的日子。愿以上我们对神的认识，能够给我们心灵深处以及生活的方方面面带来积极的影响。

严守信仰原则

信仰虔诚的人，不仅敬重神的话，同时也能存着谦卑受教的心，让自己在神的话语面前降服下来。一个真正属神的人，不仅会聆听并尊重神的话，而且在生活的方方面面以及在身处各种不同的生活景况中时，都能顺从圣灵的引导。我们越多地学习神的话，就越容易明白神的话，也就能变得越来越明智且快乐；一旦离开神的话，我们的生活就会被无知、愚昧和痛苦充满。神的话语立定在天，永不改变，一个人被神的话语影响有多深，他所蒙受的祝福也就有多大。而那些轻忽、贬低圣经的人，我们可以这样说，正是他们对神的话语所采取的轻蔑态度，才导致如今这个世代变得如此污秽与邪恶。生意人在自己的信仰生活中要注意，不要让别人出于私欲的喜好、欲望或意见影响你的生活，而要让神的话管理你的生活、引导你生活的方向。我相信，从事经营的人如果能更坚定地持守这个原则，一定会避免许多轻率的行为和因此所造成的不幸。你要将神的话"常系在你的心上，挂在你的项上。你行走，它必引导你；你躺卧，它必保守你；你睡醒，它必与你谈论。因为诫命是灯，法则是光，训悔的责备是生命的道"（《箴言》6章21-23节）。

从信仰中得平安

无论这个世界如何浮沉变迁、动荡不安，生意人都应当坚定地凭信心而活。这样，即使遭遇到生活的暴风骤雨，你也能像扎稳了锚的船一样，内心平静安稳。你会对生活充满盼望，坚持不懈地努力，在任何的生活境遇中都能处之泰然。"坚心依赖你的，你必保守他十分平安，因为他依靠你。"（《以赛亚书》26章3节）但那些不信靠神的人，他们的生活会是怎样一番景象呢？他们把这个世界当作自己的神。当世界向他们微笑时，他们就将它视若神明；当世界向他们变脸时，他们就变得痛苦绝望；他们将自己所有的希望、憧憬、慰藉和平安都寄托于这个世界，心思意念随着这世界的变化而大起大落。而那些信靠神的义人，虽然他们也无法逃避这个世界的盛败兴衰，但"他必不怕凶恶的信息，他心坚定，倚靠耶和华"（《诗篇》112篇7节）。如果人们只有信仰而没有信心会怎么样呢？那样，人们就无法相信自己所看不见的事，也无法相信自己所盼望的事。没有信心，神的话、天堂与地狱、神与基督就不会对我们产生任何的影响。总之，我们是靠着信心活着，而且要借着祷告使我们属灵的呼吸畅通。

不断地敬拜并尊崇神

　　不断地敬拜并尊崇神是信仰生活的另一个主要方面。神智慧及启示的灵光照我们，让我们对神的本体有了一个清楚的认识。同一位灵也让我们看到，敬拜神是我们义不容辞的本分。敬拜神这个观念在人的头脑中是如此根深蒂固，因此普天之下很少有人会选择不这样做。敬拜神是每一个人应尽的本分，一个从来不肯亲近神的人，怎能让人看出他守住了神的呼召呢？我们借着祷告及默想神的话来亲近他，而神借着圣经对我们说话。的确，人属世及属灵的福乐都来自神，因此人们总当时常来到神的面前求问他。"百姓不当求问自己的神吗？"（《以赛亚书》8章19节）鉴于此，生意人的敬拜生活不应当只局限于教会或密室。他要为自己家人的得救祈求神，也要为家人罪得赦免向神发出祷告，还要为家人所蒙受的祝福向神献上感恩。也就是说，他有责任和义务带领全家人一起来敬拜神。我们也看到有一些家庭，因为没有呼求神的名而成为神审判的对象。因此，我们应当每天早晚固定分别出一段时间，带领家人一起向神献上虔诚的祷告；不要让公司或业务上的安排打扰你，使你无法按时尽这份责任。要记得，这位至高者配得你最衷心、最诚挚的敬拜，任何事都不应该成为你不去敬拜他的理由，无论那些事显得多不可或缺、多重大。的确，敬拜会占用你的时间，敬拜时你需要放下手中的工作，但别忘了，你吃饭、睡觉时也要放下手中的工作，但无论是吃饭、睡觉，还是工作，都不如敬拜神重要。既然你不能不吃饭、不睡觉，那么你也不能让任何事成为你不敬拜神的借口。一天24小时，我们只要拿出其中的一个小时来敬拜神就足够了，因为敬拜神不在于时间的长短，而在于我们里面的心灵和诚实，我们只有在敬拜时心态正确，才能蒙神悦纳。很难想象一个认为敬拜神很重要的人，却抽不出时间敬拜他，或是辩解说白天的工作已经让他精疲力竭，再也没有多余的气力或精力用于晚上的敬拜。殊不知，一个不知道适度工作的人与一个不知道适度饮食的人一样，都犯了无节制的罪。神并没有说一个人必须白天工作到精疲力竭，以致晚上无力再做其他的事才能蒙福。同样，我们也不能寻找任何借口让自己不在清早起来敬拜神。早上是一个人的精力和体力最旺盛的时候，如果人们不敬拜神，那通常不是因为他们做不到，而是不想这样做。我们整日为衣食劳力，晚上还不应该来到神面前，寻求他的怜悯和恩典吗？如果我们能为地上的这点好处费尽心力，我们岂不更应该为了永恒的冠冕尽心竭力吗？哦，让我们不要把体力和精力都放在如何获取属地的财宝上，却荒废了对各样属天财富的追求。殊不知，只有后者才是更值得我们尽心竭力去追求的宝藏。

定期参加主日敬拜

定期参加主日敬拜也是真实的信仰生活中不可忽视的方

面。定期参加敬拜是使基督徒心意更新变化的一个主要方式。你很快就会对属神及属天的事充满了热情，并会用与以往不同的眼光和态度看待主日的敬拜，随着属灵生命的不断长进，你会越来越看重这个日子。参加主日敬拜前，你务要清除头脑中一切世俗的思虑，不要让任何属地之事拦阻你来到神的面前、向你的造物主、至尊至圣的神发出赞美。你要感谢他在耶稣基督里施予你的救赎之爱及恩典，聆听他宝贵的圣言并接受神话语的教导，怀着感激和喜乐接受他的怜悯，怀着真诚之心为你在心思意念及生活中所犯的一切罪孽向神献上你的忏悔。总之，你要在主日敬拜中努力培养出智慧、喜乐和信心的品质及态度，使你配受来世永恒的荣耀。不要让任何对罪的喜好或愧疚败坏了你的主日敬拜，而要洁净你的手表明你的清白，然后再来到神的祭台前，使你这一天更能怀着欢喜快乐的心来到神面前。你要拒绝一切肉体上的享乐，也要禁绝一切卑劣、无益的思念和言语。你要放下一切属世的工作，若不能提前完成这些工作，就要把它们推迟到主日之后再去完成，这样你就可以在"圣日不以操作为喜乐，称安息日为可喜乐的，称耶和华的圣日为可尊重的，并且尊敬这日，不办自己的私事，不随自己的私意，不说自己的私话"（《以赛亚书》58章13节）。要知道，这一天你来到神面前，是为了永恒做准备。而当你放下一切来朝见神时，你必将蒙受极大的祝福。

　　你的家人也当和你一起享受主日敬拜的种种好处，这就是主日要停止一切工作的另一原因。这样，那些做仆婢的就可以在主日与其他人一起参与敬拜，聆听神的圣言并接受关于神的知识。其实，这些人的灵魂与世界上最伟大的灵魂之间并无任何差别。"第七日是向耶和华你神当守的安息日。这一日，你无论何工都不可作，使你的仆婢可以和你一样安息。"[1]要让你的仆婢有充裕的时间去敬拜神，让他们的灵魂可以得着饱足，正如你的身体需要得到饱足一样，你不仅要让你的子女和仆婢参加主日敬拜，还要在信仰与德行上教导他们，使他们同受益处。你要鼓励他们行善，同时也要对他们的错误行为进行严厉批评。如果他们对你的批评充耳不闻，继续在错误的道路上执迷不悟，你就要依靠神的帮助，去除他们心中的无知与愚昧，找出他们的问题所在。

要记住："这是你们在一切的住处向耶和华守的安息日。"（《利未记》23章3节）你们要在自己的住处尊崇并服侍神，正如在公共场所的敬拜中所做的一样；你们要带着敬畏之心认真宣读神的话，带着欢喜领受之心向他唱诗歌颂，带着谦卑之心、信心和诚心寻求他的恩惠；要借着在地上的服侍操练自己，将来好在天上服侍；要带着神满满的祝福进入到下一周的辛勤工作中。基督徒发现，主日敬拜使他在一周剩余的时间里都满得神丰盛的祝福，但如果他忽略了主日敬拜，在一周剩余的时间里，他就会在世俗的工作中遭遇到许多的不顺及不快。这一点已经被许多人证实过了。

---

① 引自《申命记》5章14节，原文是："但第七日是向耶和华你神当守的安息日。这一日，你和你的儿女、仆婢、牛、驴、牲畜，并在你城里寄居的客旅，无论何工都不可做，使你的仆婢可以和你一样安息。"

喜爱神的话语

养成谈论神话语的习惯，也是基督徒信仰生活中不可缺少的一部分。也就是说，我们口中所说的话要时常与神的话语一致。"义人的口谈论智慧，他的舌头讲说公平。神的律法在他心里。"（《诗篇》37篇30-31节）这里特别要指出的是，有害的言语一定要禁绝，尤其是对神的荣耀显出不敬或贬低的话、玷污并败坏我们思想的话、背后讲论别人的话、挑起别人怒气的话、羞辱别人尊严的话、荒渺无凭的话，这些都要从我们的口中杜绝。总之，凡是不能体现良善、信心或纯洁的话，一句都不可出口。我们一方面要杜绝有害的话，另一方面还要培养说积极有益的话的习惯，这是基督徒的品格中不可缺少的一部分。人的语言本来是用来赞美神的，也是用来造就周围其他人的，我们的赞美甚至要让天使自愧不如。我们要赞美神荣耀的完全，我们要赞美耶稣的良善，我们要赞美神圣洁纯全的话语，我们要赞美神的创造大工，我们要赞美神的眷顾和恩典，我们要赞美神在永世中为我们所创造的福乐，我们要赞美神的救赎之恩——他救我们脱离了凶恶、愚昧以及各样的网罗，他破除了我们前进道路上一切的拦阻与捆绑，使我们有朝一日得以顺利地抵达天庭。这些都应成为我们每日谈论的内容，在任何情况下，我们都应当谈论这些令人兴奋且愉悦的话题。

然而，当我们还停留在地上的时候，我们的思想和言语多少还会受到属地事物的影响。许多时候我们在谈论属神真理，人们会嘲讽我们或口出亵渎的话。也有些自称为基督徒的人，虽然嘴上说的是属灵的话，心里却存着卑劣或错误的想法，认为这个世界远比神要好，钱财远比天堂更实用，宴乐及感官享受远比神的恩典和荣耀更吸引人，完全不把地狱或罪当回事。

默想与省察

默想是真实的信仰生活中另一个重要的组成部分。我们的头脑经常会受到那些杂乱无章的思绪的影响。我们一会儿把心思意念放在如何获得金钱与财富上，一会儿又放在各样的感官逸乐与享受上，要不就是把全部精力放在如何赢得别人更多的尊敬和掌声上。而一个以神为中心的虔诚的基督徒，则会把自己全部的盼望和喜乐都交托给神，依靠神的恩典，而不是总担心神是否会实现他的希望或满足他的需求。他在灵里对神的认知，令他清楚地知道"你的财宝在哪里，你的心也在那里"（《马太福音》6章21节）。在日常生活中，他的心总是亲近神，他常常会默默思念神的完全、神的话以及神的作为。无论他日常的工作有多忙，也总能忙里偷闲，重新将思绪拉回到神的话语上。我们并不是只有在修道院里才能默想神的话或活出一个基督徒应有的虔诚生命。

默想的目的是使我们得造就，使我们里面的火不至于熄灭。为了让我们灵里重新火热起来，我们可以选择一些强有力且针对性强的经文进行默想。比如涉及神的完全、耶稣基督的大爱与良善、末后的审判、永生的重要性及确实性、时间的短暂易逝等方面的经文。这些经文所阐述的重大真理是人们广泛认同的，且被公认是对人们的思想最具影响力的重要真理。因此，默想这些经文，必然会使我们的思想与真理更加一致，并帮助我们活出一个圣徒应有的圣洁来。

有时我们的默想可能会转化为向神呼求式的祷告或恳求，如尼希米就曾向神呼喊说："我的神啊，求你记念我……施恩与我。"（《尼希米记》5章19节）诗人大卫也曾呼求神说："我是属你的，求你救我。"（《诗篇》119篇94节）若你感觉受压过重，或感受不到神的怜悯，或在困苦危难中屡遭惊吓，急欲使你的灵得着释放，就可向神发出这样的呼求。有时，我们也用自言自语的方式唤醒我们沉睡的灵，安慰我们沮丧的心，说服我们的心顺服下来。许多虔诚的人都用这些方法使自己得到了释放。诗人大卫曾问自己："我的心哪，你为何忧闷？为何在我里面烦躁？应当仰望神，因我还要称赞他，他是我脸上的光荣，是我的神。"（《诗篇》43篇5节）大卫正是以这样的方式，驱散了自己内心的恐惧，重新振作起来。

生活中观察到的一些事件和事物，也会促使我们进行一些有益的反思。比如当我们看到周围有人猝死的时候，可能会联想到自己有一天也要面对死亡，于是便产生出世事无常的虚幻感；当我们看到那些身体上有残缺、在困苦中苦苦挣扎的人时，就禁不住会为神给我们的种种恩典发出感谢；当我们看到别人为了得到地上那些微不足道的好处，而经历种种艰难、付出艰辛努力时，就会为自己在追求属天福乐的事上表现出的懈怠感到羞愧。这样的发现会让我们产生动力，去追求那更大的益处。圣经中多处运用了比喻及寓言故事的方式，目的是让我们从那些可见的事物上得着教训。比如，圣经教导我们要去观察蚂蚁的生活，好从它们身上学习什么是睿智与勤奋。圣经还用陶匠与陶土的比喻，让我们知道顺服神旨意的重要性，并用熬炼银子的比喻，让我们明白如何在患难中得着安慰与教训。此外，为了让人能够从中受教，圣经在阐述福音真理时，还大量地使用了诸如葡萄树、无花果树、重价的珍珠、锲而不舍的寡妇及浪子等具有象征意义的比喻及故事。这些比喻及故事中蕴涵的道理虽然十分简单，但如果我们真的愿意遵照其中的教导一一去执行，必会收到非常巨大的果效。只可惜，许多基督徒虽然知道如何与人交往，也知道如何与神交往，却不知道如何与自己的心交往。

警醒抵挡一切的试探

警醒是信仰生活中必须操练的品行。一个真心爱慕神、敬畏神的人，随时随地都想讨他的喜悦。然而一个人若本性中尚有许多的不完全，行事为人时常随从肉体，仍生活在这个充满了邪恶与诱惑的世界上，随时要提防仇敌的攻击，那么，除非他拥有足够警醒的灵，能够随时多方借着祷告不住地抵挡各样诱惑，否则，想做到"警醒"又谈何容易！警醒是一个基督徒必须具备的品格，用以抵挡他在工作、生活及肉体上所遇到的一切罪的试探。一个拥有正直之心的人，最明显的标志就是他会持续地保守自己"远离一切自身的恶"。这些邪恶的本性常常驱动我们去做那些不该做的事，而且似乎总是防不胜防、难以胜过。每次犯罪，良心就会谴责我们，让我们心里充满恐惧。

贪婪和放纵情欲是人类最容易犯下的两个罪，是万恶之源。因此，我们必须认真防范，杜绝它们发生在我们身上。心中存着贪婪及放荡的情欲的人，他们的心不再趋向神、不再爱神，也不再渴慕良善；他们只知道随从肉体的喜好和倾向安排自己的生活，不再记念神，反而轻慢神；他们既不尊重神的律法，也不敬拜神，对永生及来世不屑一顾；他们的头脑不能明白真理，却肆意歪曲末日审判的实质，试图抹杀人类心中对信仰、公义、真理、仁爱的追求；他们放纵自己的情欲，和那些行将毁灭的野兽一样胡作非为。贪婪和放纵情欲这两项罪在圣经中随处可见，这两个罪完全违背了基督徒的生活准则。"因为你们确实的知道，无论是淫乱的，是污秽的是有贪心的，在基督和神的国里都是无分的。"（《以弗所书》5章5节）"因为随从肉体的人体贴肉体的事；随从圣灵的人体贴圣灵的事。体贴肉体的就是死……原来体贴肉体的，就是与神为仇，因为不服神的律法，也是不能服。而且属肉体的人不能得神的喜欢……你们若顺从肉体活着必要死……"（《罗马书》8章5-13节）

按着信仰原则省察自己

前面我们讲述了信仰生活中的一些原则，下面我们来察验一下自己的心思意念是否与这些原则相符，以及自己是否在生活中遵行了这些原则。我们的心思意念是已经历更新，对神与基督、天堂与圣洁之事心中充满了渴望，还是仍然自以为义地活在感官的驱使之下，是一个灵里死亡、对神的本体与良善无动于衷的人？神的荣耀与完全，以及他与我们的关系，是否持续不断地影响着我们的品格与生命？还是我们常常忘记这位创造我们的神，既不因为他赐给我们的气息和生命而荣耀他，也不因他是我们救赎的磐石而尊崇他？我们不仅学习神的话，也看重神的话，但神的话是否已经成为我们生命的核心和指导？还是我们仍旧效法这个世界邪恶的风俗，继续容许世界的价值观以及肉体的喜好和欲望掌控我们的行为？我们在生活中是依靠信心而活、相信神的帮助和供应，还是相信"只有金钱才是我们全部的盼望和完全的寄托"？我们无论是与家人在一起还是在个人灵修时，是持续不断地敬拜这位至高的神，还是活得像是一个没有神的人，从不在他面前借着祷告表达我们的敬畏？我们认为主日是一个荣耀、值得人尊崇和高兴的日子，还是一个冗长、令人疲倦、令人无法正常生活并享受世俗之乐的日子？我们是否谨慎自己口里所说的一切话，使我们所说的都是温柔的、合宜的、造就人的、满有信心的话？为了使神的生命更多地进入到我们里面，我们是否借着反思和默想，让我们的心时常转向神？还是我们总是容让自己的思想和言语停留在这个世界的虚空无益之事上，以致根本无暇顾及内心真正的需要？我们有没有谨慎地抵挡一切贪婪的罪以及放纵私欲的罪，还是容让自己持续不断地活在属地的境界中，在一切的事上都随从自己的私欲，完全忘记并忽视了对神、基督和永生的追求？趁着还有时日，我们总当常常拿出这些问题反问自己，仔细察验自己是否还有需要悔改的地方。不要等到站在那位鉴察人心万物的神面前时才悔改，因为到那时一切都为时已晚。

消除对信仰生活的偏见

有人说信仰生活很不容易，它要求人必须舍己，而且去往天堂的路是一条并不轻松的窄路，令人感到不快。面对这样的说法，我们可以这样回答：神所要求我们的，没有一样不是为了使我们获得真正的幸福，神禁止我们做一些事，也是为了我们的益处。一个纵情声色、不懂得如何节制自己的人，在情欲的事和在各样低级趣味里寻找满足，不仅不会拥有真平安，反而会彻底摧毁自己内心的纯净。信仰生活如果能使一个人在行为上有所约束，这本是好事，怎么反去抱怨呢？如果我们觉得信仰的原则限制了我们随从肉体喜好的倾向，我们是否应该反思一下，那些有损于我们本性的喜好是否确实应当受到约束？我们是否应该根据信仰生活的原则，仔细察验一下自己的内心，看看我们是否真的在那些能使我们获得真正幸福的事上付出了足够的努力，或在许多事上已经做到了舍己？显然我们并没有做到。其实，信仰生活并不像我们认为的那样难。如果我们懂得如何依靠神的恩典养成优良的品格，过这样的生活并不难。信仰生活中最难的事就是，一开始我们就必须胜过那些对我们来说很难胜过的诱惑。胜过之后，我们就会发现，在信仰的道路上我们走得越长，所能享受到的甜美和喜乐也就越大。其实，每个人在刚开始面对自己的生活时都会感到艰难，信仰生活也是这样，若是如此，我们为什么要单单夸大信仰生活的难处呢？我们要相信神，也要相信那些在我们前面走上这条信仰之路的人所做的见证。"她的道是安乐，她的路全是平安。"（《箴言》3章17节）"守着这些便有大赏。"（《诗篇》19篇11节）

有人说信仰生活过于严格，凡事都要谨守，实在很麻烦。对于这样的人，我们只有让他了解神的话，因为有一天我们都要被神的话语审判："我们要除去不敬虔的心和世俗的情欲，在今世自守、公义、敬虔度日。"（《提多书》2章12节）然后让这人自己思考，他的快乐和福祉到底是掌握在受到蒙蔽、本性败坏的人自己手中呢，还是掌握在公正、智慧、良善的神手中。

还有些人，因为害怕别人嘲笑他表现得与众不同或古板，就拒绝按照基督徒的价值观生活。你是因为相信神、尊崇神、爱慕神、依靠神、感谢神、赞美神而遭到别人的轻蔑吗？你是因为严格恪守了良善、真理、公义的原则，没有让自己受制于不良的喜好和情欲而遭到别人的轻蔑吗？如果是这样，你不必害怕，因为你行得不错，信仰就是如此，再没有什么比你行出这些事更能使你蒙福。一个没有信仰的智者曾这样说："德行如此美善，若是行出来，所有人都会爱上它。"如果基督徒能将自己的信仰充分展现出来的话，一定会赢得别人的尊重。我相信，即使是世界上最放荡的人，只要能从那些最虔诚的基督徒身上看见神智慧而圣洁的生命的彰显，就一定会放弃自己所有的追求来赢得这样的生命。因此，让我们把时间更多地花在认识神以及更好地见证神上，不要因为忽略了神正确的教导而给我们的生命带来任何遗憾："若有人要跟从我，就当舍己，背起他的十字架，来跟从我……。凡在这淫乱罪恶的世代，把我和我的道当作可耻的，人子在他父的荣耀里，同圣天使降临的时候，也要把那人当作可耻的。"（《马可福音》8章34、38节）

信仰的益处及必要性

信仰带给人真智慧

拥有这种智慧的人必能保守自己亲善离恶。因着在基督里的真信心,他看见属天之事远比属地之事更为美好,永恒是时间根本无法衡量的。他知道遵行福音书的教导,必能使自己得到远比地上最大的福分更为宝贵的祝福。既然神是智慧的源头,他的话就是我们必须遵行的指南,神说:"敬畏主就是智慧,远离恶便是聪明。"(《约伯记》28章28节)然而,人喜欢炫耀自己的智慧、财富、聪明或学识,宁可把梦想全都放在属地的追求和享乐上,也不肯让自己的心归向神,这样的人,他们的一生何其枉然,他们丧失了多少自己本当得着的永恒福分?

信仰带给人真正的幸福

信靠、敬畏、热切地渴慕神、与主耶稣建立起个人的生命关系,能使人的灵魂高贵、平和,并带给人心灵的宁静与平安，这是任何其他东西都无法带给人的。虔诚的信仰给人带来的享受远超过贪欲、情欲、纵情声色及发泄兽欲所带来的快乐。如果神就是至高快乐的本体，那么那些与他亲近的人必然是这个世界上最快乐的人。他们不仅能享受到信仰生活带给他们的满足，而且能在与别人分享所得到的属灵祝福时享受到极大的快乐。信仰生活让我们享受到最真实的智慧与福分。当我们在生活中遭遇到无法避免的祸患时，它给我们提供的，是其他任何人、任何事物无法给我们的安慰。我甚至可以毫不夸大地说，即使义人在为自己的罪痛悔时，他们的心中仍有满足的喜乐，他们所享受到的这份满足是那些污秽邪恶之人永远也无法体会的。

真实的信仰是我们生命中最大的需要

与信仰相比，我们所有其他的需要都不过像是小孩子对玩具的需要那样微不足道。信仰可谓是我们生活中唯一的必需品。一个没有信仰的人，等于失去了他被造的意义，神也无法在他身上彰显出自己的荣耀，这样，他在世上的存在就变得毫无意义。对于一个降生到这个世界上的人来说，他最大的幸福莫过于在离开这个世界时，罪得到了赦免，且彻底胜过了罪的权势。他不仅得到了神应许在今生赐予他的祝福，同时也获得了永世的祝福。如果我们真心地侍奉主，他必要倾福于我们。

但是如果人希望通过其他方式使自己获得祝福，那么他所得到的结果必然是"愚昧人背道，必杀己身；愚顽人安逸，必害己命"（《箴言》1章32节）。如果我们忽略了爱神、服侍神的责任，我们一生最伟大的雄心壮志都要归于徒然。鉴于此，生意人应当认真反思，在他所遭受的损失及失败中，有多少是因为忽略了信仰这人生中的头等大事而导致的。

相关的教导

"我今日所吩咐你的诫命，不是你难行的，也不是离你远的……这话离你甚近，就在你口中，在你心里，使你可以遵行。看哪，我今日将生与福，死与祸，陈明在你面前，吩咐你爱耶和华你的神，遵行他的道，谨守他的诫命、律例、典章，使你可以存活，人数增多，耶和华你神就必在你所要进去得为业的地上赐福与你。倘若你心里偏离不肯听从，却被勾去敬拜侍奉别神，我今日明明告诉你们：你们必要灭亡……我今日呼天唤地向你作见证，我将生死、祸福陈明在你面前，所以你要拣选生命，使你和你的后裔都得存活。"（《申命记》30章11、14–19节）

"耶和华以色列的神说：'我曾说……尊重我的，我必看重他；藐视我的，他必被轻视。'"（《撒母耳记上》2章30节）

"只要你们敬畏耶和华，诚诚实实地尽心侍奉他，想念他向你们所行的事何等大。你们若仍然作恶，你们和你们的主必一同灭亡。"（《撒母耳记上》12章24-25节）

"你仆人我父亲大卫用诚实、公义、正直的心行在你面前，你就向他大施恩典。"（《列王纪上》3章6节）

"遵守他的法度、一心寻求他的，这人便为有福……耶和华啊，你曾将你的训词吩咐我们，为要我们殷勤遵守……我喜悦你的法度，如同喜悦一切的财物……作恶的人啊，你们离开我吧！我好遵守我神的命令……救恩远离恶人，因为他们不寻求你的律例。耶和华啊，我们仰望了你的救恩，遵行了你的命令。"（《诗篇》119篇2、4、14、115、155、166节）

"在公义的道上有生命，其路之中并无死亡。"（《箴言》12章28节）

"藐视训言的，自取灭亡，敬畏诫命的，必得善报。"（《箴言》13章13节）

"现在斧子已经放在树根上，凡不结好果子的树，就砍下来丢在火里……他手里拿着簸箕，要扬净他的场，把麦子收在仓里，把糠用不灭的火烧尽了。"（《马太福音》3章10、12节）

"凡称呼我'主啊，主啊'的人，不能都进天国。惟独遵行我天父旨意的人，才能进去。"（《马太福音》7章21节）

"众人问他说，我们当行什么，才算作神的工呢？耶稣回答说，信神所差来的，这就是作神的工。"（《约翰福音》6章28-29节）

"我因此自己勉励，对神对人，常存无亏的良心。"（《使徒行传》24章16节）

"你们现今所看为羞耻的事，当日有什么果子呢？那些事的结局就是死；但现今你们既从罪里得了释放，作了神的奴仆，就有成圣的果子，那结局就是永生。因为罪的工价乃是死；惟有神的恩赐，在我们的主基督耶稣里乃是永生。"（《罗马书》6章21-23节）

"神的旨意就是要你们成为圣洁……神召我们，本不是要我们沾染污秽，乃是要我们成为圣洁。"（《帖撒罗尼迦前书》4章3、7节）

"等候所盼望的福，并等候至大的神和我们救主耶稣基督的荣耀显现。他为我们舍了自己，要赎我们脱离一切罪恶，又洁净我们，特作自己的子民，热心为善。"（《提多书》2章13、14节）

"他虽然为儿子，还是因所受的苦难学了顺从。他既得以完全，就为凡顺从他的人成了永远得救的根源。"（《希伯来书》5章8-9节）

"你们要追求与众人和睦，并要追求圣洁，非圣洁没有人能见主。又要谨慎，恐怕有人失了神的恩。"（《希伯来书》12章14节）

"但主的日子要像贼来到一样，那日，天必有大响声废去，有形质的都要被烈火销化，地和其上的物都要烧尽了。这一切既然都要如此销化，你们为人该当怎样圣洁，怎样敬虔……"（《彼得后书》3章10、11节）

Chapter 9

第九章
放弃工作

放弃工作的条件

最后我们来谈谈，在哪些情况下人们可以考虑放弃自己的工作。生意人可能会因为健康原因或生活中的突发事件考虑暂时停业或转行，也可能会明智地选择缩小自己的经营范围，并减少自己在经营上所投入的精力。但我在这里讲的是，人们什么时候应该彻底放弃自己的工作，对每一个人来说，这都是人生中一个非常重大的决定。做出这样的决定之前，我们应当认真思考并咨询各方的意见。一时的冲动或因无法忍耐工作上所遇到的问题，这些永远不应该成为放弃工作的理由。放弃工作必须是本着智慧的原则、怀着审慎的态度所做的决定，不要因为"我已经挣够钱了"或者"退休的生活多好啊"这样的理由而放弃工作。当然，我并不是说绝对不能放弃工作，以下几种情况发生时，我们可以考虑放弃工作。

第一，当放弃工作的请求得到了妻子的同意，或上级政府的决定迫使某人不得不放弃工作时，他可以放弃工作。比如，某人在工作中遇到了极大的困难，他的妻子对他的情况表示理解，并同意他可以不再工作，这时，他就可以考虑放弃工作；或是，如果某人接到任命，被提升到一个更加受人尊重和信任的政府部门任职，他就可以合法地离开自己原来的工作岗位，因为这个工作可以让他有更多造福公众的机会；或是，如果某人因为受到长期监禁或拘押丧失了人身自由而无法工作，他就可以不再工作。

第二，当人因身体或精神健康的原因丧失了工作能力时，就可以考虑不再工作。无论你属于什么样的体质或从事什么样的工作，都难免会生病，但我们不能一遇见头疼脑热的症状，就选择不再工作了。如果你的身体有什么不适，就应当积极地治疗，如果你在喜好或欲望上有什么不节制，就要积极地进行调整，总要让自己的身体和精神维持在一个良好的状态。当然，如果身为一船之长，一船的人都在等候你的命令和指示，好掌控这艘船正常运行，你却因为年纪老迈或者身体虚弱，无法正确地下达指令，胜任不了这份工作，就不要勉强自己继续留任在这个岗位上。如果你同时承受疾病和工作的压力，而且你的疾病也全无痊愈的指望，你就可以选择离开工作岗位。我要提醒那些年轻的生意人：要对自己未来的远景有一个清楚的看见，要在各样的花费上有所节制，要随时仰赖神的恩典，要用谨慎的态度善用神所赐的一切财富，不要忘记自己曾陷入罪中之乐的那些日子，总要有一颗警醒的心，抵挡各种诱惑及邪恶之事，因为这样的事对健康和人性都是有害无益的。

第三，这并不是说我们一感觉受到搅扰，或情绪上出现一点不稳定，就马上可以离开正常的工作岗位，因为这些问题完全可以借助其他的方法解决处理。我们可以寻求神的帮助，或找医生进行咨询，但没有一种方法比我们继续留在岗位上辛勤工作，更能使我们的情绪迅速得到缓解（这当然也需要神的恩典）。但如果一个人已经丧失了正常的思考能力，整个大脑的功能也完全没有康复的可能，他就必须离开工作岗位。精神失常对一个人来说是一件非常可悲的事，后果不堪设想。鉴于此，我在这里要提醒生意人，要对产生这个问题的根源有一个明确的认知。务要减少激烈的情绪起伏，无论是爱还是恨，或是恐惧，这些情绪都要控制在适度的范围内；不要故意忽略良心的提醒，违背真理、公义及信仰，惹动神的怒气；不要为地上的损失和失望痛苦忧伤、过度思虑；不要从事过多的经营活动，超出了自己的脑力和体力所能承受的范围；不要心志高大，让自己纠缠于那些难以驾驭的深奥思想或事物上；要让自己无论身处何境，心里总能怀着一份单纯的满足；要努力享受信仰生活所带给你的种种快乐；要让你的身体在各个方面都有所节制，这样你就可以远离精神失常，也让你周围的人少受许多痛苦。

第四，当生意失败时，人不得不放弃工作。并不是每一次生意上的失败或损失都能使我们拥有不再工作的理由。虽然有些人因为生意失败几乎破产，但后来因着神的眷顾和他自己的努力，他的生意重新又有了起色，甚至还拥有了极其可观的产业。但是，如果生意上的损失使我们根本无法维持正常的经营活动，又无力偿还债务，我们就必须谨慎地停下手中的工作。在这种情况下，人离开自己的工作不是出于自愿，而是被迫的。发生这类情况时，生意人需要省察自己以往的行为，反省自己是否曾犯下忽视神、侵害人、欺压人的罪，或是否曾沉迷于罪中之乐。如果有，就要为此悔改，使你的生意不再因罪恶而有亏损，使你能重蒙神的恩典。

第五，生意人可以在自己年纪老迈、身体状况开始衰退时选择放弃工作，这样做不仅合情合理，可以在退休后享受自己一生积累下来的财富，还可以给年轻人留出发展空间，使他们拥有更多成长机会。一个行将就木的人，如果仍然眷恋世上的财富，实在可谓人生中的大不幸。而那些已经从工作岗位上退下来的人要注意，虽然你已经歇了工作上一切的劳苦，但你仍要继续在生活中扮演好你的角色。你要懂得规划好自己的退休生活，多从事一些能为其他人造福的事业，同时给那些年轻人提供更多有益于他们身心发展的指导，而不是把自己的余生都浪费在各样的感官享受上，或是无所事事地荒废时间；不要像那个对自己灵魂说话的愚昧人一般，告诉自己"你有许多财物积存，可作多年的费用"，便让自己活在"吃喝快乐"的光景中（《路加福音》12章19节），而没有让自己在余生活在神的丰盛中。

第六，面对死亡时，人要停止工作。除了以上所提到的情形之外，还有一个情形令人不得不放弃他的工作。这人可能正享受着工作带给他的巨大快乐与成功，心里从未产生过放下工作的念头，但当死亡突然来临时，一切都不得不停下来。死亡为我们一切的劳苦画上了一个句号。我们呼出口中最后的一口气，身体重新归回于尘土，从那一刻起，这一生所有的思虑与挂心的事也将与我们一同消亡。每个人都要面对死亡，而死亡经常是在人们最意料不到的时候来到，因此，我们要让自己为这一天的来临做好充分的准备。一个人可能第二天或下一分钟就要进入永远的痛苦与灭亡，他却对此全然无知，这人将要为自己疯狂而愚昧的举动付出何等大的代价啊！他虽然站在悬崖绝壁的边缘，却对自己所处的危险毫无觉察，这罪人的头脑所受的蒙蔽是何等大啊！神乐于将他丰盛的怜悯施予众人，他清楚地向人显明了天堂的快乐以及地狱的痛苦；人类若非被罪恶所蒙蔽，他们就会明白自己若不尽快逃离地狱进入天堂，心里就永远不会有片刻的安宁。一个认识神的公义及圣洁、知道神必要审判罪恶的人，怎么可能会不恐惧战惊呢？当他们在圣经的每一页中读到对自己的审判时，怎么可能会心安理得呢？有人可能认为，他们虽然不能确定自己是否得救，但这并没有什么大不了的，于是继续高枕无忧。但他们不知道，再睁开眼时，自己可能已落入永恒的苦难之中，到那时他们就会发现近在眼前的死亡和审判原来竟是如此真实，心中必会充满惊骇。如果你尚未接受救恩，不要担心，因为耶稣基督的救恩是提供给所有人的，只要你肯来到他面前认罪悔改，这救恩就要临到你。对于那些正在考虑接受救恩或内心已经受到谴责的人，你可以去认真查考一下福音书的经文，就会知道自己的内心到底属于其中所描写的哪一种状况。千万不要因为你自己不负责任的无知或对死后景况的无动于衷，而忽略了追求自己一生中最大的福分。你若尚未借着耶稣基督与神和好，内心的污秽尚未被圣灵洗净，就永远不要停止追求。当你真正与神和好时，死亡对你来说将会十分平安，且伴随着极大的喜乐。

鉴于每个人都必须面对死亡，生活中又存在各种不确定因素，我们都应当随时为家中一切的事做好安排。要妥善整理你的书籍及账目，清查你与别人之间存在的一切账目问题。处理这些事虽然很棘手，但若不妥善处理，就会让那些在你死后处理这些问题的人更加为难。要清算你所拥有财产的价值并立好遗嘱。这些事若能在死前处理好，离开这个世界时你会更为安心。在安排好留给妻儿的财产份额后，愿神也能令你想起那些生活在贫困中的亲戚们，想起他们的需要。不要忘记将你的部分财产捐作善款，用于帮助那些有需要的人，因为神在你的一生中也曾眷顾你的需要。你在这一切事上的信心与爱心，将会为你的后代子孙带来极大的祝福。处理完这一切的事后，你就可以安静地面对死亡了，你不必对死亡感到恐惧，而要欢喜快乐地放下你在地上的工作，准备好领受神在基督耶稣里要你得的奖赏。愿荣耀归给神直到永远，阿门。

相关的教导

"人若死了，岂能再活呢？我只要在我一切争战的日子，等我被释放的时候来到。"（《约伯记》14章14节）

"凡你手所当做的事，要尽力去作，因为在你所必去的阴间，没有工作，没有谋算，没有知识，也没有智慧。"（《传道书》9章10节）

"那时，希西家病得要死，亚摩斯的儿子先知以赛亚去见他，对他说：'耶和华如此说：你当留遗命与你的家，因为你必死不能活了。'"（《以赛亚书》38章1节）

"我现在被浇奠，我离世的时候到了。那美好的仗我已经打过了，当跑的路我已经跑尽了，所信的道我已经守住了。从此以后，必有公义的冠冕为我存留，就是按着公义审判的主到了那日要赐给我的，不但赐给我，也赐给凡爱慕他显现的人。"（《提摩太后书》4章6–8节）

附 录

附录一 新生命与新生活

（下文指出了可以帮助我们活出新生命的样式、去除属肉体的倾向及本性的方法，这个方法使我们的服侍在神面前蒙悦纳，并能够在生活中活出信仰的实质。作者佚名。——编者注）

许多人都犯了一个同样的错误，他们以为只要自己认同了基督教的原则，也肯定这些原则的重要性，就可以立即着手凭借自己的力量和属肉体的本性开始实践这些原则。他们忽略了一点，那就是，实践这些原则必须遵循它们本身固有的方式，就是神要按着他自己无限的智慧及怜悯，在耶稣基督里成就一切的圣洁与完全。不了解这一点，虽然大发热心，效果却不会好。罪人必须先要与神和好，在耶稣基督里因着神的恩典被称为义，然后才能借着与基督的联合以及对他的信靠，活出由神而来的属灵的、圣洁的生活，否则他们就无法被神悦纳（参《罗马书》5章1节；《约翰福音》15章5节）。我们之所以这样说，是因为：首先，（前面已提到过）我们属肉体的本性与神为敌，根本不能、也不肯顺服于圣洁及属灵之律的管理（参

《罗马书》8章6、8节）。我们本性中的恶使我们完全趋向于罪，令我们的所言所行、所思所想都无法脱离罪的捆绑与辖制（参《罗马书》7章20、23节）。因此，我们若想拥有属灵的生活，就必须经历由圣灵重生的过程（参《约翰福音》3章3、6节），使我们在基督耶稣里成为一个新造的人，预备行各样的善事（参《以弗所书》2章10节）。其次，只要我们还没有脱离属肉体的本性，就仍然活在神对罪的咒诅之下（参《约翰福音》3章18节；《以弗所书》2章3节）。只要我们还没有重生，就仍然无法得到神赦罪的恩典，也无法脱离罪带给我们的诅咒，因为只有在基督耶稣里、因信才能得着赦罪的福分（参《罗马书》8章1节；《以弗所书》1章7节）。如果神抵挡我们、咒诅我们，我们又怎能胜过罪、活出圣洁呢？第三，如果我们在本性上没有改变，仍然是可怒之子，仇敌就会继续影响并辖制我们。所有悖逆之子都服在邪灵的权下，由邪灵暗中掌控着他们的生命（参《以弗所书》2章2、5节）。这些属灵的辖制与捆绑，只有借着我们的信，才能在基督耶稣里得着释放（参《使徒行传》26章18节）。

如果你想讨神的喜悦，也想遵行他的旨意，就必须先在基督的宝血里得称为义，并借着圣灵的更新成为公义和圣洁的，否则你所谋的一切就不得成就。你败坏的本性、被罪玷污的良心以及撒但在你身上的权柄和掌控，会使你渴慕神、以心灵和诚实服侍他的努力和盼望都归于徒然（参《路加福音》13章24节）。

借着与基督耶稣荣耀的相交，信徒便能够顺服神。而与基督耶稣相交这个荣耀的权利，是为那些人预备的，他们认识到自己的贫乏、无助与失丧，并愿意真诚地接受耶稣基督为自己唯一的救主，且承认耶稣是宇宙的创造者及管理者（参《以赛亚书》4章1、5节；《约翰福音》6章37、40节）。如果你愿意凭着对基督耶稣的信心讨神的喜悦，因着神丰盛的恩典，你就会从他那里获得全备的智慧与力量（参《哥林多前书》1章29节）。你要坚定地相信，神会按着他荣耀的丰富，为了你的益处，使你在一切事上都能得享亨通。愿神的爱及恩典使你忘记一切的失败，内心得着安慰（参《哥林多前书》1章7、9节；《加拉太书》5章17节）。

你可以尽心、尽力地爱主你的神，但你要知道，你所得着的救恩及福分是神在基督耶稣里白白赐给你的礼物，而不是因着你自己的好行为或对神的顺服挣得的，也不是你配得的（参《罗马书》3章24、28节；《加拉太书》3章18、22节）。有些人努力证明自己得救赎、得永生，是因着自己顺服神的命令，这样的人试图通过行律法而不是凭信心来赢得自己的救恩，但救恩永远也无法依靠这样的方式获得。存有这样想法的人，实在是在信仰上犯了一个既重大又基本的错误，这个错误毁灭了人的灵魂（参《路加福音》18章9、14节；《加拉太书》3章10、12节）。这个想法等于直接否认了神在人类的救赎计划中显明的怜悯及丰富的恩典（参《以弗所书》2章9节）。它废除了基督宝血的救赎功效以及他所完成的神对公义的要求。凡是想要凭着行律法称义的人，都无法得着神在基督里所赋予人类的恩典（《加拉太书》5章2、4节）。

想凭借自己的顺服赢得神的救恩，这种想法不仅是犯罪，而且绝不会带来任何果效，也不会让人产生信心。这种想法贬低并否认了神要将他自己无限完美的本性彰显在人类救赎计划中的旨意，就是他那极大的怜悯、测不透的智慧和令人生畏的公义（参《罗马书》3章21、26节）。这种想法等于公然挑战神的权柄，因为神命令我们当信主耶稣，好叫我们可以得救（参《约翰一书》3章）。这种想法是对神真理的拒绝，不肯听信神已将永生放置在他儿子里面的劝告，（参《约翰一书》5章10-11节）。这种想法公然践踏了神在救赎工作中所彰显出来无限量的爱及良善，使人由于自己的狂妄而无视神信实的本性。

为了每个人今生以及永生的福分，愿所有的人都能够在这条信心和舍己的道路上，寻求救赎及圣洁，相信这些都是神在基督耶稣里白白赐给我们的礼物，并借着对耶稣基督无限恩慈及权能的信靠，使自己得称为义并全然成圣。相信这位具有无限智慧及良善的神向我们所指明的，是一条通往全然圣洁及祝福的道路，在这条路上我们必会步履稳当，且有圣灵能力的陪伴，心中也充满了平安与喜乐。除此之外，再也没有一条道路能够使我们拥有胜过罪的力量，使我们永远不会失落。愿所有乐意如此行的人都永远蒙福，阿门。

附录二 对初入社会的年轻人的忠告

（一位前伦敦市长写给晚辈的信，其中表现了那个时代英国清教徒对走上社会的年轻人的严格要求。作者佚名。——编者注）

亲爱的孩子：

为了让你体面地踏入这个社会，我办理了一切相关手续。之后，我在想，是否应当再为你做些什么，使你能更好地在这个社会中发挥自己的聪明才智。

生活是一件严肃而认真的事，你会经历许多事，其中也包括灾难。我认为，除了我的产业，我还应当把我的知识也传授给你，使你能远离那些毒害年轻人的网罗，在陷入急难的时候，由于有我提供的建议，能够应对自如，不致遭受不必要的痛苦。

的确，我提供的建议，以前曾有许多教父（其中不乏声名显赫之人）都写过，但是他们的著作大都绝迹，这就使得我的这些建议得以拥有一席之地。这些建议对于你这样一个初入世的年轻人来说，可能有点要求过高，但也绝非毫无必要。

你会发现，这些建议并非无关痛痒的说教，你若真正去实践它们，就会发现其中真正的价值。当然，对你来说，最重要的并不是道理，而是实践。因为道理人人会说，把它们实践出来就难了。年轻人总以为自己才是最聪明的人，然而通常事实并非如此，因为人需要时间和阅历上的积累才能有智慧，在这两方面，年轻人都不占优势。

你现在可以打理我购进的股票，再加上你自己购入的那些，你在生活的起点上，至少已比其他的年轻人更占优势。因此，如果你不听从我的建议而犯下错误，并使情况恶化，那么毫无疑问，你要为这些错误负责，因为这是你自己的愚昧造成的。

我特意安排了行业中一个德高望重的人带领你，希望你每天在他的言传身教之下，能培养出美好的品格。首先，你要记住，你尽上多大的责任，就会有多大的回报。如果你想让一个人喜欢你、乐意施恩于你，就必须努力表现出自己乐于助人、朴实真诚的一面来。你现在虽然只是一名低微的学徒工，但在工作中要表现得像主人一样尽责。如果你表现得随和温柔，又令人称道，自然会赢得别人的尊重，他们会以同样的态度对待你，鼓励并信任你。最重要的是，你在言语和行为上，不能偏离真理的教导。

关于谎言

由于对别人有偏见而撒谎，是一种蓄意犯罪的恶行；而为了推卸责任撒谎，则是一种令人羞愧的懦夫行为。这两种形式的谎言，目的无非是歪曲事实，好使自己从中得益。然而，尽管从表面上看，谎言使我们可以暂时蒙混过关，但它终究有被戳穿的一天。到那时，好戏又该如何收场呢？殊不知，我们所编造的谎言越是天花乱坠，日后我们所要承受的谴责也会越大。谎言败露的那一刻，我们不仅会丧失人们的信任以及自己的声誉，还会丧失在社会上的立足之地，因为没有人愿意与说谎者为伍。在人们的眼里，说谎者无异于过街老鼠，令人厌恶。在他们口中，连真理也失去了尊严与高贵，人们对他们说出的话全都不信任。

鉴于此，如果你不慎陷入谎言的试探，永远不要试图用另一个谎言去遮盖它，因为这样做只能雪上加霜、于事无补。相反，如果你能谦卑地承认自己的错误，就能很容易得到别人的谅解。真诚地承认小错误，会使人们相信你今后一定不会再犯比这更大的错误。

在任何情形之下（无论事情大小），我们都应当学习刻意培养自己严格遵行真理的习惯。约翰逊博士曾对他的一位女性朋友说，如果你的孩子在不经意的情况下撒了一个小谎，你一定要戳穿这个谎言并纠正他，因为在真理上哪怕差之毫厘，结局都会谬之千里，甚至铸成大错。

关于不诚实

诚信的言语必须以诚实的行为为印证。因为按照常理，一个不诚实的人是不可能成为一个好员工的，就像你不会期待一个疯子或傻瓜把自己或别人管理好一样。你肯定不敢挪用别人的私有财产，甚至将之放在自己的管制之下，因为不诚实的举动被人们看得如同盗窃一样严重，正如虚情假意如同谋杀一般。即使你不诚实的举动没有被人发现，侥幸逃过应得的惩罚，你却无法逃过良心的谴责。你会为自己有这样的想法而面上羞愧，同时心中为罪疚感煎熬，并为事情有可能败露而担惊受怕。而那些行动正直、问心无愧的人，即使接触到别人探询及怀疑的目光，仍然能在神和他人面前面无惧色。但是，如果你的罪行败露（接受法律制裁自不必说），在那些被你欺骗的人面前，你难道不会颜面尽失、羞愧难当吗？你的亲友会为你不光彩的行为多么痛心疾首啊！不仅如此，即使你愿意承认自己的所行实为愚昧，也诚心决定今后会洗心革面，但你总也免不了别人对你的怀疑，因为在他们心目中你已经是一个贼。

关于纵容

你不仅要保守自己诚实，也有义务指正别人不诚实的行为。若有人对自己能阻止的伤害行为视而不见，就等于是在这个伤害事件中有份。害怕因行善而遭人诟病或指责的人，与知善而不行的人一样可恨。因此，你一旦发现同事中有人做出有损于雇主声望或信誉的举动，就应当立即予以揭露。你若对此沉默不言，就等于是在他们的罪上有份。

关于忠诚

除了行为上的忠诚之外，还有一种忠诚，被称为情感上的忠诚。无论你行为上的忠诚，还是情感上的忠诚，都会使你赢得雇主的喜悦。我说的忠诚，指的是你总能为着雇主的声誉着想，不仅在言语上不去指责或中伤他们，而且总是尽力保护他们免受众人的诽谤，以及其他人含沙射影的讽刺。

关于节制

要保守持久的诚实，离不开节制这种品格的建造。我们首先必须除去懒惰，懒惰是毫无节制的散漫，而只有积极向上和勤勉刻苦的人，才能在工作中获得成功。为此，所罗门曾感叹道，游手好闲之人必致穷乏，因为他所呼求的，无非是多睡一会儿，再多睡一会儿！这等愚昧之人睡掉了一天又一天，至终一事无成。我们在生命中浪费掉如此多的时间，它们既无可挽回，也不能令我们在死后得益处。总之，睡眠是为了让我们的身体重新得力，而不是我们生命的全部。当我们受贪睡的辖制时，我们不仅放弃了自己的责任，同时也损失了生命中的许多快乐。

关于享乐

除了要远避懒惰，你还必须铲除对享乐的过度嗜好。当我们把享乐当成事业来追求的时候，它反而会变成对我们的折磨。我们不能同时既服侍神，又服侍玛门。你可能觉得这个功课实在不容易学，从前的先知也这样认为。但它虽然在口中发苦，却要在腹中变为甘甜。

让我在享乐这个问题上再多做些解释。我并不是说，你只有汗流浃背方得糊口，不能享受自己的劳动成果。神或人都不会这样要求你。即使他们这样要求，大自然也不会听从这个无情无义的指令。我所说的享乐，是指那些有害的享乐或罪中之乐，就是我们常说的放纵肉体及挥霍金钱之乐，这样的享乐至终会毁了你的身体、倒空你的钱囊。

关于纵欲

纵欲是一种可以给人带来快感的邪情私欲，它看似令人愉悦，实质却是引诱和迷惑，最终带给人的则是毁灭。所以，你千万不要沾染到它，哪怕只是浅尝辄止；一旦沾染，你就会身败名裂。让我再说一次，纵欲的形式多种多样，似乎总是令人愉悦，魔鬼最懂得如何投人所好，并激起人们的情欲。

对饕餮客来说，它会不断地将各种各样的美食呈现给你；对饮酒作乐的人来说，它会将各种各样精致的美酒堆放在你的眼前；对好色之徒来说，它会将各种类型的美女引领到你跟前。它最擅长的就是根据各人不同的需要投其所好，但它所提供的不过是散发着迷人香气的毒药，不仅于人的身体有害，还会蒙蔽人的头脑，使我们的生活，乃至信誉及产业均濒临崩溃。

饮食的节制

可见，在所有的事上都当有节制。首先是饮食上的节制。一张没有节制的嘴会消耗掉三个人的劳动成果。本来一先令就能完全满足的基本需要，现在却要花上一英镑。那些住在城里的人，更应当关注节制饮食的警告，因为那里到处都能见到肆意挥霍的浪荡子，挥霍已成为城里四处蔓延的恶行之一。这样的恶行不仅遭到我们以节制为美的邻国的抨击，甚至连一向柔弱害羞的亚洲人也对此加以批评。

关于饮酒

　　放纵情欲或挥霍钱财会给人带来身体和金钱上的损害，但相比于贪杯好酒、沉迷于酒精这类行为，那不过是小巫见大巫。那些在酒馆里寻欢作乐、不醉不归的人，很快就会发现自己的嗜好有百害而无一利。一夜狂欢留给他们的只有清晨醒来后浑身的痛楚和呕吐物。但即便如此，一有机会，他们仍会再喝，结果将自己的一生都浪费在这奢侈的狂欢上。尽管贫穷让他们在金钱上有些捉襟见肘，却没能让他们彻底根除这个嗜好，他们仍会乐此不疲地贪图这一夜之欢。然而，他们不仅为此损失了金钱、朋友甚至健康，还会遭到别人的轻蔑和羞辱。

　　在美国，酗酒带来的危害相当触目惊心。在英国，酗酒已成为全国的恶习。由于家庭自制的酒精极其便宜，它已成为英国人嗜酒成风的罪魁祸首。含有高浓度酒精的烈酒不仅会损害健康，还会给人们的财产和声誉带来损失。而酒精除了药用之外，简直可以说是一无是处。因此，彻底禁绝酒精毒害、戒除酗酒恶习不啻为一个明智之举。但戒酒是一个人自愿的决定，除非他自己愿意，别人再不厌其烦地发出警告也毫无用处。当然，戒酒之后，遇上业务上有需要或旅途劳顿，偶尔小酌一下也不是绝对不可以的。

关于穿衣打扮

同样，穿衣打扮也要有分寸。虽然与贪杯好食者相比，喜好穿衣打扮的人所遭受的批评或带来的危害不如前者大，但也这绝对需要引起人们的重视。尽管穿衣打扮这等消费巨大又无益的风气不是在英国发展起来的，但有目共睹的是，此等风气在英国比在它的发源地更加盛行。穿衣打扮之风起始于宫廷中那些搔首弄姿之辈，以及公共度假胜地的常客，还有那些令女人们眼花缭乱的人。后来，这股时尚之风逐渐借着他们，传播到宫廷内院以及皇室眷属那里。穿衣打扮本来只是女人的特权，喜好这些事的男人，或被看做轻率之辈，或者是些"娘娘腔"，这样的人很难被人理解，他的喜好既令人作呕又愚昧之极。他在衣饰上的挥霍无度最终会令他倾家荡产，没有一个保守持重的人会想与这种伤人害己的人打交道。这样一个败家子，不仅会将所有的钱财统统花在衣饰上，还会惹动他的妻子效法他的愚昧之行。总之，把钱花在衣饰上的男人，难免会被人看成专门追求有钱女人的男人，所有的本钱都在衣饰上，其实一文不名。因为他所拥有的毫无价值，所以也就得不到别人的尊重。在别人眼里，他不过是舞台上一个身着王袍、可怜巴巴的小角色而已。此等虚浮之人，即使拥有万贯家财，能站在亨利八世面前，也算不得什么。因此，穿衣打扮一定要得体，既不要穿得像乞丐一样肮脏，也不要把自己打扮得像花花公子一般浮华狂妄，总要听从前人的教导，远避华而不实或虚浮的外表，让自己做一个良善的人。

关于勒住舌头

接下来我要和你谈论的是勒住舌头的问题，这既是一门甚少人知的艺术，也是一种美德。它可以减少生活中极多的麻烦，使我们活得更幸福。一般来说，爱唠叨和爱面子同样有害。言多必失，话多的人得到的批评远比称赞多得多。很少有人愿意自甘寂寞，不是追求自己在言语上比别人强，就是追求自己在外貌或财富上比别人强，但两者同样令人难以忍受。因此，如果你足够聪明，就要少说多听，学会谨思慎言，多听别人怎么说。这样，你就能够和别人友好相处，并得到大多数人的喜爱，还会因为留心听别人的话，在情感和知识上得到加倍的回报。

只有拥有最粗俗、鄙陋的思想的人，才会随口说出亵渎的话来，这是对圣洁的公然冒犯。永远不要丢弃自己的人格与自尊，随从这等人说出如此粗俗而邪恶的话来。

谈论自己

当有人谈及自己时，你最好洗耳恭听。要想了解人类的本性，这恐怕是最好的方式了。所以，不要放弃这样难得的机会，他们的倾诉会让你对人性有更充分的认识。我想我不必说，你也能明白，出于同样的原因，永远不要在谈话中论及自己。当然，我并不是希望你隐瞒自己的恶行。人人都有瑕疵，而且很难根除，这也用不着隐瞒。

关于玩笑的坏处

如果谈论自己会给我们带来损害，随意谈论别人就更是如此了。玩笑虽然能引人发笑，但如果伤害到别人，你就会招致别人的憎恨。因此，比起说笑话，你若多说好话，就会少受许多伤害了。

关于得罪女人

得罪女人是一件极其危险的事，她们天性易怒，相对脆弱，拥有极强的报复心。女人们深知自己的软弱，总是将自己装扮在亮丽可爱的外表之下。但她们很难有天使般饶恕人的心肠，哪怕是为了一点小小的争执，也会怀恨在心；她们害怕失望、轻信玩笑，一个小小的打击就能把她们击倒；她们的天性教会她们怎样以智力而不是以力量取胜，即使在报复别人时也能表现得十分优雅；无论别人如何激怒她们，她们总是不轻易发火，除非她们知道这样做能控制住局面。在小说里，我们总能看到那些怀着深仇大恨的女人，她们报复别人的手段不是毫不隐晦，就是极其冷酷无情。欧伯里爵士（Sir Thomas Overbury）就曾遭到一名女性朋友的报复，他们之间的友谊也没能挽回这件事对双方关系的伤害。无论他说的是真是假，他们之间到底是谁对谁错，是谁惹动了谁的怒气，这件事的结局都已无法改变。对他们来说，恐怕无人愿意再提及此事，最好是避而不谈。那些想一探究竟的人，也会被他们两人深恶痛绝。

当然，也不必把女人想得过于复杂，因为也有许多女人的心地，正如她们的外表一样，精巧、细致、纯全、值得信赖、满有良善。这些女人与我们前面提到的那些悲观绝望的女人是截然不同的族类。而且，当男人们勒住自己毫无约束的舌头时，女人们也一定能够做到，这样，我们也就不必害怕得罪她们了。

关于家庭隐私

除了要管束好自己的舌头之外，你还必须以加倍小心的态度，保守好自己家庭的隐私，不要将家里的琐碎之事暴露给外人。因为那些以轻率的态度谈论自己家庭隐私的人，总会给人留下一种靠不住的印象。而那些随时准备打探别人隐私的人，总能从你的只言片语中，揣测出其他内容。

关于个人隐私

鉴于此，我建议你不要过多谈论自己的隐私，让别人知道你的购买计划或生意动向，使他们有可乘之机，为了自己的利益，在你之前下手，损害你的利益。所以，在你的计划成形以前，最好对它保持缄默，除非已经付诸实施。我的建议是，即使你对自己的计划已经成竹在胸，如果未来仍有人可能对它造成威胁，你最好继续保持沉默。

但做到这一点并不容易，因为人有一种倾向，总想把脑子里的事说出来，这常使人显得缺乏最起码的精明和说话的技巧。随意透露自己隐私的人，既缺乏精明的头脑，也缺乏说话的技巧。他总是无法控制自己，让自己显得更精明些或说话更谨慎些。讲究说话技巧对我们与周围人打交道很有益处，它对我们所有人都是一种保护。如果你说话的方式让别人感觉你比他强，他就再也不想与你打交道了。至少，他不会想在生意场上与你有什么瓜葛。

在与别人打交道时，我们运用了太多这个世界的智慧，而真智慧却是耶稣曾经命令我们遵行的一条诫命："你想人如何待你，就当如何待人。"

关于期盼

我们在谈论自己的期望或应承别人什么事时，也应当小心。因为，如果事情没有按预期成就，就会让别人以为这样的结果，是由于我们的行为不端造成的，叫我们的声誉受到损害。因此，不轻易许诺可以使我们免受许多嘲笑，不给那些毫无诚意的人提供发泄怨恨的机会。对于这些人，我们总要尽可能不给他们留下任何可乘之机。

如何处理争执

当其他人之间发生争执时，我们最好是保持沉默。如果引发争端的人感觉这样的争吵给自己带来了伤害，那也是他自讨没趣，他有什么好抱怨的呢。你如果介入这样的争端，绝不会看到皆大欢喜的结局。你不是伤害了这一方，就是伤害了那一方，因为几乎所有的人都只关心自己的利益，完全不顾对方的好处。因此，要介入这样的争端，你要不想做个两边讨好的和事佬，就得向那无理取闹者显明你的厌恶与嫌弃，而这样做的后果，就是你会落入后者的论断中。而且，他对你的论断肯定不是以事实为依据，而是以他自己的偏见为依据。

关于搬弄是非

在两个不和的人之间大肆搬弄是非，是最遭人痛恨的行为。这样做等于在这两人之间挑起更多新的事端，使他们之间的矛盾不断升级，以致永无宁日。遇到人与人之间发生矛盾的状况，你最好小心处理，或者干脆走开为妙。因为搬弄是非无异于虎口拔牙。如果有一天这两人的关系有所缓解，挑拨离间者肯定是第一个被揪出来痛骂的人。

搬弄是非是人们常犯的罪，甚至那些受人尊敬的人有时也会这么做。喜爱搬弄是非的人，心里总有一种无中生有的欲望。也许，当我们说不出别人身上的优点时，最好的方式就是什么也别说。

当我们与别人发生争执时

遇到这样的情况，总要说造就人的话，而不是尖酸刻薄的话，要尽力使事情平息，而不要造成伤害。即使你在争执中占据上风，也要尽力克制住自己的怒气，因为怒气常常会激起更大的愤怒。当你受到伤害时，你表现得越平静，就越能清楚地讲明事情的原委，也越能得到公正的对待。但如果你表现得太具攻击性，或表现出粗鲁无理、指责、中伤和轻蔑的态度，就会刺激你的对手，使其情绪更加激动；而温柔的态度、彬彬有礼的举止，反而能使那些最难处理的局面得到控制，使那些最粗暴无礼的人安静下来。

我发现，在不知不觉中，自己的舌头会不受管束，因此，我认为有必要让你知道，避免争执远比引发争执容易得多。无论是出于什么原因，不要让那些小事总来滋扰你。风速仪还有停转休息的时候，而一个情绪激动易怒的人，有时会让那些认识他的人感到厌烦和憎恶。遇到那些根本不值一提的伤害，你与其怒气冲冲地着手报复，还不如一笑了之为好。一个人若想要杀死一只蜜蜂，最好连它的老巢一起端掉，否则他可能会因为杀死这一个敌人而引来成百上千名敌人的攻击。

谈论一个人的善良远比讲述他的恶行强得多。没有人将友谊建立在彼此的斑斑劣迹上。轻蔑的态度不能给人带来任何好处，反而带来敌意，损害彼此间的关系。寓言故事中那只从狮子口中得以活命的老鼠，后来在狮子陷入捕猎者的网罗时，为了感谢狮子的饶命之恩，将网绳一点点啃断，救了狮子一命。这个故事让我们看到了在面对争执时最好的应对方式。

关于亲和力

遇到问题时，亲和力总能发挥其效力。经验告诉我们，当我们对人温和有礼时，他们就会成为我们的朋友，而当我们疏远、控制别人的时候，他们就会成为我们的敌人。

关于节俭

我要和你谈论的下一个问题是节俭。节俭对你这样一个希望通过自己的勤奋努力获取财富的人来说，是一个特别有益的习惯。我会尽我所能把股票都留给你，但这些股票既不会太多，也不会太少，只有等我去世之后，你才能从中受益。当然，这些股票最终是否留给你，还要看你的表现。所以，在处理这些股票时，你有责任尽量保持节俭。如果因为你的不节俭导致了股票上的损失，我就不会再把它们交付给你管理了。即使我有能力，也愿意为你挽回损失，但我更希望你现在就能把它们管理好，毕竟挽回损失并不是一件容易的事。就算损失能够被挽回，节俭仍然是你需要面对的功课，而你的错误带来的负面后果，可能会令你付出的努力得不到什么回报。

因此，你当竭力保守你的信誉不受损害，不要让别人对你有哪怕一点点怀疑。因为当人们怀疑你时，接下来他们就会担心你会对他们的利益造成损害。为了避免以上情况发生，我建议你一定要持守节俭的习惯。因为节俭为你赢得的是信誉，此外，还会为你赢得产业或财富。对所有的人来说，节俭都能带来财富和别人的尊重。

说到节俭，我希望你能明白，它不仅是指要避免奢侈浪费，而且是指要谨慎地使用手中的每一分钱。浪费会吞噬掉你的财富，使你的劳动成果被挥霍一空。有一句老话说得好："节约一便士，就等于获得二便士。"当你拒绝奢侈浪费，手中积攒下足够的钱财时，别人就不会因为你囊中羞涩而笑话你了。

请记住，最宏伟的建筑也是从根基上盖起来的。你省下的每一分钱，无论多么的微不足道，都会积少成多。当一个人开始积攒钱财时，他很快就会发现这是一条通往财富的必经之路。一个想要获取财富却不肯节俭的人，不过是在建造空中楼阁而已；而奢侈浪费的人会发现，自己浪费掉的是又一次获取财富的机会。能节俭下一先令的人，很容易就能节俭下五先令；而在小钱上不知道节俭的人，根本不可能赚大钱。贫穷的牲口贩子正是知道这个道理，才能节省下足够买下一头牛的钱，并从一头牛开始，让自己逐渐发展成为拥有万贯家产的富翁。一个在小事上不忠心的人，谁会把大事委托给他呢。

关于雇主的钱财

你需要以极其严肃的态度对待这件事。如果雇主把他的钱财委托你管理，你最好不要对它存有丝毫的妄想。若斗胆动用了这笔钱，你面临的将是彻底身败名裂的结局。要知道，每个人都有交账的一天。到那一刻，所有人的过犯都要被显明出来。在钱财上的过失必不得赦免。凡被怀疑有过失的人，一经证实，必要接受惩处。所以，要保守自己不要陷入这样的试探，无论出于什么样的动机。你既然接受教导，要在自己的钱财上持守节俭的美德，贪恋别人钱财的事就更应当禁戒不做了。身为一个雇员，你一切的品德都应当使你的雇主受益。

关于勤勉刻苦

光是节俭还不够，你还必须勤勉刻苦。节俭加上勤奋乃是大利。勤能补拙，就好比地球，不断地从太阳那里补充着温暖。一次不成功的努力并不能说明什么，不断地尝试，往往会使情况发生改变。即使所有的尝试都失败了，继续努力、锲而不舍的人常常笑到最后，这样的例子屡见不鲜。一条能快速往返、装卸货物、不断为主人赢利的小船，纵然微不足道，但对它的所有者来说，远比一艘装载量大却几乎停运的废旧轮船更有价值。所罗门说："懒惰人啊，你去察看蚂蚁的动作，就可得智慧。"（《箴言》6章6节）勤勉刻苦的力量，似乎在蚂蚁们的身上得到了最生动鲜明的体现。最不可思议的是，我们并不认为勤勉刻苦与达到目标之间有什么必然的联系，我们并未付出不懈的努力，去达成自己的目标。而当我们不去做自己当做的事时，自然得不到自己想要的结果。我们剥夺了展现自己能力的机会，因为我们不想付出我们认为不必要的努力，通过加倍的勤奋使我们的能力得到更大的发挥。而当我们愿意付出持续不断的努力时，最终，我们就能取得当初想都不敢想的成功。

　　只有愚昧的人才会相信，不需要付出努力也能取得成功。他们一遇到困难就灰心丧胆，总是活在失望中。而那些坚持不懈、付出努力的人，总能取得令人意想不到的成功。年轻人，我想要劝诫你的是，只有懦夫才会遇到反对就放弃努力，而坚韧不拔的人，无论遇到什么困难，不达目的绝不罢休。事实上，对后一种人来说，没有什么事是他们无法达成的。身为史学家的托斯卡纳公爵（The Duke of Tuscany）科斯莫（Cosmo）曾坚定地说："坚韧而勤奋的人，能胜过所有看似无法克服的困难。"

　　说实话，灵里软弱、怯懦的人，在遇到困苦和不幸时，总会消沉。他们宁愿向人倾诉自己的痛苦，也不愿尝试除去这些不幸。因此，如果你发现自己正被困苦所胜，你要做的就是勇敢地起来，向它们宣战。这样你至少不会这么快就消沉下去，而且还能赢得获取别人支持的时间，使自己重新得力。凡愿意遵从这样教导的人就会发现，这是一个明智之举。它不仅可以使人借助坚韧和勤劳站立得稳，还能给人带来发展的机会。但如果你拒绝遵从这样的教导，继续故步自封，那么你获得成功及财富的机会就非常小了。

　　所以，你应当尽早地培养自己勤勉刻苦的品格，在各个方面殷勤地服侍好你的雇主。如果可能，你要学会从雇主的举手投足及眼神中捕捉到他的心意，而不要等到他向你下达命令时才领会。在分内的事上，你不要总是敷衍了事，等着别人吩咐时你才做，而要学会眼里有活，别人没吩咐的活也能尽力做好。只知道做好分内之事的人，必不能得到雇主的赏识。你要学会以你雇主的生意为乐，甘心情愿地为他效力。即使有时雇主要求你做的，是一些别人瞧不起或与你的职位不太相称的活，你也要欢喜快乐地做好。不要因为勉强而流露出厌烦的神情。违抗雇主的命令，是一种既不称职又无修养的表现。而带着勉强或憎恶的态度遵从雇主的命令，让人看见的是你的顺从中仍带着恐惧，这样，不仅会让你在工作时充满了痛苦，同时也让你失去本应得到的赏识。

关于时间的价值

你还要学习合理地掌握时间，把每一寸光阴都当成自己人生在世的最后一刻来珍惜。我们所拥有、享受和期望的一切都包含在时间当中，当时间流逝的时候，这一切也都随之一同流逝了。有关时间价值的教导，永远都不会显得太多或太迫切，对年轻人来说更是如此。因为他们总以为，自己手中有大把的时间可供消磨。他们肆意挥霍着自己的年日，以为所余的日子尚有许多，却不知道，这是他们所犯下的巨大且致命的错误。这些被肆意挥霍的宝贵时刻，已从他们的生命宝库中悄然地流走了，伴随着其间各样的甜酸苦辣和精彩瞬间。它们再也无法挽回，无论你今后活得多精彩，已流逝的时间总是无法弥补的。

关于同伴

当然，你并不需要让自己活得过于紧张忙碌，偶尔的休息不仅是适当的，而且是必需的。我要提醒你的是，休闲娱乐时，正是你最容易受到试探的时刻，因此，你务必要对此有足够的警觉，要特别小心那些被你招呼来与你一同消遣的同伴。因为你所选择的同伴的好坏，会直接影响到你的脾气和性格，就像水流经矿物质的时候，一定会带上矿物质本身的味道及其功效。大家都知道，如果你想了解一个人的本性及其道德情操，只要看看他所交往的同伴就可以了，这就是"物以类聚，人以群分"的道理。因此，一个人如果总是和一群不三不四的人混迹一处，你怎么能指望他从那些人那里得着什么好的影响呢！当然，如果他决定不再与这些人同流合污，事情就另当别论。但如果该交往的人，你一个也不愿意交往，而不该交往的朋友你却交往了很多，结果会怎么样呢？这正是我在这里要劝说你的地方。如果你所交往的都是些行为放纵的无耻之徒，总与这些人为伍，那么，你永远也不会被人当正人君子来看待。你不仅会丧失自己的人格，还会丧失自己的道德情操。无论你能找出多少显明自己与这些人的不同之处，与这些人为伍的最终结果，无外乎被他们同化或与之同流合污。也就是说，当你已经习惯于活在罪中的时候，你也就不会再以罪为罪，也不会再恨恶罪了。相反，你还会爱上罪，并开始尝试犯罪。我这样说并不是出于冷酷无情，要知道，人一旦丧失了清洁的良心，是极难恢复的，而且人因着自己本性的软弱，常会陷入到更大的空虚和堕落之中。

选择不当的同伴，损害的不只是你的思想。虽然你很想保持自己正人君子的形象，但如果人们发现，你总是与一群行为不端的无耻之徒混在一起，那么即使你并没有参与他们的恶行，别人也会认为你是与这些人一样的罪人。参与暴动的人和暴动中的杀人犯都会被列为罪犯，尽管你可能并未参与其他人杀人放火的罪行；如果你涉及的是叛国罪，即使你什么也没说，仍会被判处死刑。遇上这种令人进退两难的情况，你若不出卖同伙、令他丧命，你自己就会丧命。那位刺杀奥兰治王储（The Princes of Orange）的臭名昭著的刺客，不仅毁了自己，也毁了他的心腹知己。这位心腹虽然憎恨谋杀，却掩护同伴进行刺杀计划，结果他自己也因为被人看见常陪伴在那位刺客左右而遭到揭发。

所以，你要远避肉体情欲的诱惑及不良同伴的影响，持守住自己的良心以及吃苦耐劳的精神；不要让享乐缠住你，丢掉自己勤俭节约的习惯，容许自己成为一个挥霍无度的人。不好的习惯总是结伴而来，一经养成，要想彻底摆脱它们就难了。然而，坏习惯的严重后果并不会马上就突显出来。刚开始，人们对它们并不以为意，但这些习惯一经养成，就会给人们的生活带来长远的影响。你只要尝到了享乐的滋味，就会想着下一次；你只要拥有了第一次挥霍的经历，就会有第二次；这些坏习惯有些是以直接的方式诱惑你，有些则是以较为隐蔽的方式渐渐地引你上钩。但无论是哪种方式，用不了多久，你就会发现，自己已经被它们紧紧地缠住了，而且是欲罢不能。最初受到诱惑时，你可能还会感受到良心的责备，并会采取一些拒绝诱惑的补救措施。但是，这些措施并不足以对抗那些极力想要毁灭你的诱惑者，他们会采取各种各样巧妙的手段，再度引诱你就范，并带你踏上那条灭亡之路。在所有这些诱惑中，最大的诱惑就是对被人耻笑的惧怕。想必你已经经历过它给你生活的各个方面带来的影响。当所有人都以无所谓的态度对待自己的工作和生活，并把随随便便以及奢侈浪费当成是绅士的生活方式时，如果你胆敢继续持守自己勤俭的美德，就会被人指责为小气和吝啬。我要告诉你的是，应当怎样持守自己认为对的东西，而不受别人的影响：要以智慧取胜；不要让别人的耻笑伤害到自己；在面对耻笑时要一笑了之；要想在别人的耻笑面前站立得住，你必须知道，你是在为自己的正直而战，哪怕是遭遇到仇敌的攻击或即将吞噬你的暴风雨，也决不放弃。有许多人本来可以胜过耻笑的试探，但由于他们从一开始就给软弱留了地步，结果从这场争战中败下阵来。

　　我在这里所说的一切，无非是告诫你要远避不良同伴的影响，在这个问题上我已给你举了许多例子，相信它们对你来说并不陌生，是你每天都能观察到的。前面我向你指出了哪些同伴是你要回避的，下面我要指出的是，哪些人是你应当与之为伴的：你所选择的同伴应当拥有良好的修养；有着像你一样正直诚实的品格，能够承受别人的托付；为人所熟知且受人尊敬；拥有受人赞誉的事业；生活有节制；拥有勤俭的美德。与这样的人为友，你肯定不会沾染任何不名誉之事，也不会堕落成为挥霍无度的人。你们会彼此劝诫，使各自的声誉得以确立，成为社会上受人尊敬的人。

成为你朋友的人应当是愿意学习和思考的人，说话朴实自然。你可以选择那些在艺术、科学或其他领域拥有卓越成就的人，成为你的密友，让你们之间快乐相交的每一个时刻都能对你有所助益。许多时候，当他们向你敞开心扉、倾心吐意、与你坦诚相交时，你会很轻松地获取他们花费了大量时间及精力所得到的知识。以这样的方式获取的知识，远比我们循规蹈矩、冥思苦想得来的知识更容易消化吸收，成为我们知识体系的一部分。而这样的交流，也可以使双方所持的不同观点、理论、看法和意见，在争论中日臻完善。法王弗朗西斯一世（Francis I of France）对此方式就颇为认同。尽管他登基时还十分年幼，知识上也尚有不足，但是通过与各类天才以及各个领域中学有所成的人交流，他后来成为一名博学的人，甚至比他同时代最有学问的王子还要博学。我自己也认识一位这样的年轻绅士。他离开校门之后，成了下议院的一名议员，整天忙得不亦乐乎，几乎无暇读书。然而，因为他择友有道，善于博采众长，所以从那些与自己交往甚密的人身上，获得了许多能使自己成为一名智者的知识，弥补了自己在年龄和经验上的不足，没有因这方面的缺欠招致别人的轻蔑，或引发别人对他的偏见。

与有才能的人交往

　　更进一步说，与有才能的人交往不仅能增加你的知识，在遇到令人费解的问题时，他们的看法和经验还可以弥补你的不足。这些拥有卓越才能及公正、率直品格的人，随时愿意向那些前来求教于他们的人提供帮助，他们自己也乐意让更多的人从他们的才能中受益。在与他们交往的过程中，你不仅可以学会谨慎措辞，彬彬有礼、恰如其分地进行言语表达，还可以培养高尚的情操和优雅的举止，使你在不知不觉中成为一位名副其实的绅士。

与粗俗之人交往

　　与肤浅、污秽、无知、粗俗之人交往，无异于自贬身价。你不仅会丢弃一个正人君子应有的生活作风，还会憎恶那些你自己并不具备的美德。与这样的人为伍，实在是有百害而无一利，从这些粗野无礼的同伴那里，你除了沾染上他们身上的恶俗之气，将一无所得。那些已经沾染上这些恶俗之气的人，绝不会被我们这个社会所容，他们必要为自己的行为付上代价。

关于嗜酒

我已警戒过你，要避免过度饮酒，特别是烈酒。对于一个有节制的人来说，烈酒并不像洪水猛兽般可怕，可怕的是你成天允许它们相伴左右。酒本身算不得什么。简单来说，酗酒是魔鬼对人的一种捆绑，但只要我们抵挡它，它就必要离开我们逃跑了。具体到嗜酒这个问题，我们选择远离魔鬼的引诱，远比受引诱后再让它离开容易得多。

该说"不"时就说"不"

让我在这个问题上简单说几句。不要成为一个假意讨好别人的人，或是一个心无定见、容易受人影响的人。当你刚结束了一段令你不快的谈话，或正准备回家时，却接到了一个新的工作任务，这时，无论这个工作的要求是什么，只要合乎情理，你就应当服从。当然，这并不是说你在任何情况下，都应该服从。你有权利说"不"。一个没有主见的人，会让别人，特别是那些管束我们的人觉得我们是个糊涂的人。因此，在你说"不"时，你要表现得非常坚决，但态度一定要谦恭。这样，你就会发现，只要有几次类似这样的回绝，日后你就能避免许多强加给你的不合理要求。

关于朋友

尽管前面我在同伴这个问题上已经谈了很多，但我觉得还是应该和你谈谈朋友这个问题。人们常以为朋友指的就是同伴，这实在是一个很大的误解。有许多人拥有各种各样不同类型的同伴，但是观其一生，这些同伴中到底有几个人能称得上他的朋友呢？我们实在听到过太多关于朋友之间生死与共的故事，擅长讲故事的希腊人也一直在不遗余力地为这些可歌可泣的感人故事歌功颂德。然而，现实生活中，这样感人的故事何其稀少，至少我们就未经历到。友谊一直是人类喜爱谈论的话题，在这份纯洁细腻的感情中，彼此相爱的两个人常常是不分你我的。因此，友谊这个词，严格来说，与我们这个时代的发展并不合拍。而我们所享受到的友谊，与它实际所包含的含义相比实在极其有限。我曾与一个朋友保持了许多年亲密无间的友谊。我们同甘共苦、不分你我，彼此以赤诚相待、彼此扶持、彼此承担，遇到问题也会说出各自不好的感受。你可能会说这样的友谊不仅会影响我们的工作及外表举止，而且与人的自然本性不符，会加重人情感上的负担。

然而，真正的友谊是确实存在的，只是在这个以自我为中心的世界，它已经成为可遇不可求的稀缺之品。好在它并没有完全绝迹，我们仍能不时地发现它们的踪迹，比如，总有一些人会真切地关注别人的需要。他们不仅关注那些爱他们之人的需要，也关注那些对他们充满敌意之人的需要。这种关切正体现了真正的友谊的价值所在，而且最终能赢得别人最诚挚的敬意。

关于择友

现代人在择友的时候，不应当表现得太过随意，也不应当让自己在感情上陷得太深，并因此感到痛苦。将自己的快乐寄托在别人身上，是一件相当危险的事，无力拒绝给自己带来损害的关系也是如此。如果你的智慧、正直和其他美德，使你与人发展出一段超乎寻常的友谊，不要以为是自己做了什么。你要做的，就是让这段友谊继续自由地发展下去，并尽力维护好这份纯洁的关系。当朋友有求于你时，不要让他伤心失望，总要让他看到你的诚意，感受到你乐意帮助他的心。当然，在帮助他的事情上，你需要拥有良好的判断力。我不希望看到因为你的帮助，你朋友的财物受到损失，以至于他的家庭遭到破坏；我也不希望看到你在任何情况下，因为帮助朋友而遭受同样的损失。为了朋友的利益，你到底愿意为他付出多少财物、时间和金钱呢？这实在是需要仔细思量的问题。此外，无论你的朋友表现得多么忘恩负义，永远都不要责备他。

关于债券及证券

债券业是一个很难掌控的行业，所以，我在这里诚恳地警戒你，永远不要参与其中。这个行业不仅会让你抵押所有的个人信誉和财产，还会打破你宁静的生活，使你因为身上的债务，总是生活在惊恐之中。偿付债务的日期越近，你的惊恐就越发加剧。我曾经亲眼目睹过许多人，为了使自己能过上挥霍无度、放荡不羁的生活，进入了这个行业，结果却使自己走上了倾家荡产之路。所以，若有人劝说你进入这个行业，那实在是不仁之举，因为自你进入这个行业的那一刻起，你就只能听天由命了！而你一旦在其中受到什么损失，也不会得到人们的同情，他们充其量只会说，这人是不错，但他何必自讨苦吃呢。

因此，你总要谨慎，当心别人的友情及恩惠，小心提防别人的帮助。听取别人的意见并非坏事，但不加分辨地一律照搬就实属不幸了，这会让你在涉及私利的事上，容易受到别人意见的左右，变得反复无常、忘恩负义和麻木不仁。而你要是没能达到别人的预期，就会被看得一文不值。

在不知不觉之中，我已经说了很多。其实，我想说的无非是，你要在这些警戒之下，好好地自我约束、谨慎行事，对凡事都能有分辨力。

随着银行的增加，以及越来越多的人习惯于虚拟资本（Fictitious Capital）交易，从而导致了互相签字作保这种交易方式的产生。人们在签字作保时，往往表现得不够谨慎。如今，虚拟资本交易已不再局限于商人之间，手工工人甚至农民也开始采用这种交易方式。更令人感叹的是，时不时还有人采用借贷方式进行交易。此种交易方式本身具有极大的风险性，动辄就能使借贷双方彻底倾家荡产。有时借款人凭着自己勤俭节约的美德，积攒下一大笔资产，但如果贷款人行为草率、生活奢靡浪费、单纯追求享乐，那么他就有可能使借款人陷入破产的深渊。因此，从事这样的交易务要格外谨慎，最好将双方的贷款交易额控制在很小的范围内。如果你根本无力还清债务，就千万不要在票据后面签字。在从事交易时，你总要持守自己的美德和声誉，这样所取得的成功，远比你靠着做投机生意所取得的成功更令人称道，因为后者动辄就能使你倾家荡产、身败名裂。

关于同事

另一个需要你格外注意的是与同事的关系。当你比其他的同事更受人喜爱、更勤奋或更诚实时，就有可能被其列入竞争对手的行列。虽然他们不会公开、光明正大地承认这一点，但私下里，他们心里总是对你充满了敌意，一看见你遇见不顺遂的事，就会幸灾乐祸。这样的人你要提防，但不要让他们看出你对他们的防范，总要以智慧来应对他们。越少让他们起疑心，他们也就越不容易侵害你。在这些人中有一个常见的现象——当他喜好犯罪时，他总想引诱其他人和他一起犯罪。他这样做，一方面显明了他本性的邪恶，另一方面也显露出他希望借着别人的罪行掩盖自己的罪行的动机。拥有这种邪恶倾向或行为的人，总会尽力劝说你成为他们当中的一员，却不知道一个人洗心革面所要承受的痛苦，远比继续犯罪所承受的痛苦要小得多。相信你对这个问题已经有了足够的认识，如果你仍无法保守自己免受这样的试探，那实在是于情于理都说不过去了。

关于娱乐

前面我已经讲了许多这方面的问题，下面我想将这个话题做一点引申，谈谈关于娱乐的问题。在所有的娱乐方式中，阅读应当被放在首要地位，因为它不仅无害，而且能给人带来益处、值得称道。所以，不必等到处理完手头的事务以后，才用空闲的时间进行阅读；不要只读爱情小说，把阅读当成一种单纯的消遣方式；也不要只读诗歌和戏剧，为了让自己拥有一种天马行空的缥缈感觉；也不要在阅读时，只把注意力放在那些与你不一致的观点上。要读一些与自己国家的历史相关的书籍，还要读一些道德伦理及法律方面的书籍，以及与英国宪法有关的权威性手册。虽然你并不需要去研究这些书，但你总要趁着自己还年轻，多积累一些知识。刚开始阅读时，你可能会感觉很辛苦，但你会逐渐体会到其中的甘甜。等到你年纪渐长，忙碌的生活使你几乎无暇思考时，年轻时在你头脑中积累下来的那些知识，就会派上大用场了。

工作不忙时，阅读是一种使人受益且令人愉悦的娱乐方式。你需要在正确的指导下培养阅读的品位。对一个人来说，阅读品位可谓无价之宝，因此，我们应当抓紧一切可能的机会，提高自己的阅读品位。我们前面提到的那些书并非不可取（指爱情小说、戏剧和诗歌），但显然不够全面。如果我们说，所有的诗歌都不要读了，这种说法显然有太过武断之嫌；如果我们把弥尔顿（Milton）、杨（Young）、考柏（Cowper）、汤普森（Thompson）、坎贝尔（Campbell）和其他一些才华横溢的天才诗人所写的以道德情感为基调的诗歌作品，统统说成"想象力过于丰富"，显然有失公正。此外，英国拥有许多诸如《观察家》（Spectator）、《懒惰者》（Idler）、《闲谈者》（Tattler）及《漫步者》（Rambler）等高品质的连载书刊。《英国观察》（British Spy）一书的作者称，《观察家》一书在英国并未受到足够的重视，这实在是一件令人遗憾的事，说明人们已经失去了对高雅文学、道德伦理以及公众幸福的兴趣。此外，自传也是很好的、具有教育意义的书籍类型。由于我们的政府，比世界上任何其他政府都更强调公民对自身权利和义务的了解，因此，英国国民对这方面的了解比对其他事物的了解更多。此外，因为我们认为神的旨意就是让人享有永恒的自由，英国公民普遍认为，无论你属于哪一个社会阶层，都有机会获得成功、成为受人瞩目的公众人物。加上洛克（Locke）、西德尼（Sidney）、弥尔顿（Milton）等具有影响力的人物极力倡导公民权利和宗教自由，在这些人的影响之下，后来有许多人取得了成功。然而，在美国的《独立宣言》颁布之前，人们的道德水平并未得到同等提升。美国宪法以及其他一些州的宪法要求，每一个具有一定智力的公民都要掌握一定的知识。宾夕法尼亚州早期曾举办公开演讲，教导公正及仁爱，在这方面提供了一个很好的借鉴。为了阐明并维护美国宪法的原则，汉密尔顿（Hamilton）、麦迪逊（Madison）和杰伊（Jay）合著了《联邦制拥护者》（*Federalist*）一书，成为这一领域公认的权威性著作。在对世界各国、各个历史时期出现的政体进行归纳总结这方面，约翰·亚当（John Adam）的作品《为美国宪法辩护》（*Defence of the Constitutions of the United States*）应该是被公认最有用的一本书，其中包含着对英国政治制度的溢美之词。华盛顿将军的告别演说也是一篇不可多得的传世佳作，是美国国父留给我们的一份"遗产"。事实上，他写的其他许多公众性文章，亦成为人们寻找智慧及经验并加以借鉴的源泉。

宾夕法尼亚图书馆为爱学习的人提供了极大的便利，许多年轻人从中受益。在这一点上，这些年轻人与他们的先辈比起来，实在是蒙受了极大的福分，应当更加勤奋地在知识上装备自己。出入图书馆时应注意自己的仪态举止；应认真遵守图书馆的各项制度；应妥善管理借阅的书籍；应按时归还借阅的书籍，以此表达自己的感激之情。长大成人后，他们还可以向图书馆提供赞助，使其他年轻人受益，以此来继续表达他们的感谢。

不花钱就能获得的享受

人们总把娱乐与消费紧密地联系在一起，认为不花钱的娱乐根本无法给自己带来快乐。然而，这种看法从理性上和理财上来说，都是有害的。其实，真正能给我们带来愉悦的享受，像阅读、呼吸新鲜空气、享受户外美好的天气、欣赏美景以及大自然的美丽，都是不必花什么钱的。当然，不花钱就能获得的快乐，还不止这些。这类享受不仅在当时给我们带来非常愉悦的情绪感受，日后也绝不会让我们感到遗憾。

"知识上的享受，"科里尔神父（Abbe Correa）在城里发表植物学方面的演讲时曾说，"是指那些我们无须付费就能享受到的快乐"。

关于剑术与跳舞

对于宫廷侍从来说，剑术和跳舞是他们必须掌握的技能；对其他人来说，它们可能算是非常好的锻炼方式；但对一个商人来说，它们就显得很不合宜。说到剑术，如果你对此一窍不通，可能会使自己遭遇危险时，不知道如何应对；但如果你精通此术，就有可能在面对争执时，无法平息自己的怒气，因而时常陷入危险之中，有时甚至会危及性命。所以，你最好不要与那些以击剑为生的人为伍，也不要身上配着剑四处招摇（尤其是在礼拜天），流露出令人厌恶的纨绔子弟的习气。你是否会剑术其实并不重要。说到跳舞，要知道这只是女人们应当掌握的技艺。你总要记得，你是一个商人，而不是一个向女人大献殷勤，或为了发财而追逐有钱女人的人。

关于音乐

在我们所生活的这个时代，音乐已经吸引了太多人的注意力，但对你来说，它不过是另一种多余的缠累，不仅无益，而且简直有害。它会使你的头脑整天想入非非，所以，不要总是去听歌剧和音乐会。从这些音乐作品中，你既无法提升自己的技能，也无法看出这些大师的品德，也甭指望能因此学会一两件乐器，或与这些音乐家成为朋友。如果你心里存着这些想法，实在是愚不可及。你一旦对这些着了迷，就会危及你的信誉和财政。它们给你带来的最直接的后果，就是时间与金钱上的浪费。遇到酒馆里有音乐家向你大献殷勤，你一定会因着他这样抬举你，而邀请朋友一起捧他的场。大多数情况下，与此相关的费用都需要你自掏腰包，而且你一旦邀请了一个人，剩下的人也会向你提出同样的要求。如此一来，你就不得不面对包年场以及年度募捐等要求了。

关于剧院

出于同样的原因，你最好不要过多地涉足剧院这样的地方。那些演员好像盘旋在你头顶上的猛禽一样，随时寻找吞噬你的机会。他们当面用阿谀奉承讨得你的欢心，等你刚一转身离开，就会开始大肆嘲弄城市贫民。所以，对这些演员，你总要有一个清醒的认识，最好敬而远之。你可以欣赏他们的诙谐，但不要仿效他们莽撞无礼的举止。我不建议你常去剧院，正相反，去那里的次数越少越好，也不要向他们提供任何赞助，除非他们彻底改变，以良好的品行及无愧的德行证明他们配受这样的资助。

一个与戏院打了十至十五年交道的绅士（他对这个国家大城市的戏院有着深入的了解），在谈到这个问题时这样说："如今晚间的娱乐节目（戏剧和滑稽戏），随时都可以看到不雅暗示及令人害羞脸红的内容。那些内容在上流社会是绝对不能被接受的。与此同时，那些在生活和言谈上严格要求自己的基督徒，无论他们是属于哪一个宗派，都绝不会去观看这类戏剧。"

关于赌博

　　赌博是我们这个时代传播得最快的瘟疫。在社会的各个阶层，你都能看到沾染上此种恶习的人。许多人以赌博为生，周围的人对此也熟视无睹、不以为怪。若有人想禁止赌博，就会引起相当多人的反感。而那些敢于揭露此种恶习的人，甚至会被人认为完全没有教养。无论你到哪里去，只要有人招呼你打牌，你就当把这样的招呼当做是回避的信号，千万不要因禁不住诱惑而上钩。那些敢于"以身试赌"的人，很快就会发现，自己与那些被酒精捆绑的懦夫一样，成为完全不计后果、丧失自控能力的人。由于人心中对钱财有着强烈的贪恋，因此凡沾染上赌博恶习的人，很难轻易罢手。上了赌桌的人有一种难以遏制的欲望，就是想赢钱。一旦他们在赌桌上输了钱，就会在"我一定要赢回来"这种错误动机的驱使下，一而再、再而三地使自己陷入更大的危险当中。而这样做的最终后果，就是使自己在赌博上越陷越深，结果毁了自己。

　　我在这里所描述的，只是赌博恶习带给人们的一小部分不良后果。那些在嗜赌恶习上付出相当大代价的人中，有多少人的美梦破灭，有多少人沦落到家破人亡的可怕境地，有多少人中了骗赌人设下的圈套、骗局，吃了他们所投放的诱饵，成为他们手中诱捕和抢夺的对象？因此，为了你自身的平安，你一定要远离这些危害，不要轻信那些外表光鲜亮丽的陌生人，尤其是那些夸耀自己的出身、头衔及财富的人，事后你会发现，这些人原来正是那些借着赌博扒窃你财物之人的帮凶。如果与你赌博的人都是你的朋友，你们迟早会断交，因为如果你的朋友们发现你是在借着赌博掠夺他们的财物，他们就会满心厌恶地弃绝你；而如果你的朋友是在借着赌博掠夺你的财物，虽然他们并未因此受到公开的谴责，也会因着自己心里不可告人的秘密，而减少与你的会面。为了避免我在这里所提到的一切危害，你在赌博的事上一定要做到完全洁身自好才对。不要羡慕那些靠着赌博等可咒诅的手段发家致富的人。你要确保自己不会为了寻求发财之道，而踏上那些人所走的地狱之路。如果这些还不足以使你脱离赌博的诱惑，你总要带着惊恐之心，看那一张张游荡在赌馆中的脸——他们贫瘠、瘦弱、如同鬼魂一样，他们在赌馆中的所作所为，无异于将自己的财富投掷于无底坑中。这些人过着声名狼藉的生活，整日为那些要毁灭他们的人效劳卖命，只为了要把更多的人拖入这可悲的境地中。

在赌馆里，时常会有人谈到博彩的话题。彩票是一种合法的赌博形式，但已有越来越多的人对这种博彩形式感到失望。一般情况下，购买彩票会带来两种不好的结果，一种是金钱上的损失，因为人们认为自己投注越多，中彩的机会就会越大；一种是人们急于发财致富，因此产生焦虑不安的心情。

关于女人

我现在来谈谈女人。女人虽说是男人的肋骨造的，是男人身体上不可分割的一部分，却时常做出一些不可思议的举动。她们既不容易满足，也不容易受约束。然而，如果女人们愿意更好地受教育，效法科尼利亚（罗马贵族）的榜样，我肯定第一个站出来，鼓励你在闲暇时多与她们交往。与这样的女人交往，哪怕只有一个小时，她们的仁慈、谈吐、举止、机智以及言传身教的力量，也会让你收获颇多，比在学校里学了好几年生搬硬套、愤世嫉俗的教条要更有收获。

如果说女人从小接受的就是自我欣赏、目空一切的教导，可能有些言过其实。但是，如果你试图把握住女人极其善变的个性，那多半你的努力会功亏一篑；如果你到女人那里去，只是为了给自己找些乐子，基本上你都会遭到拒绝；如果你到她们那里去，是为了给她们提供一些帮助，那么她们立刻会将你变成自己手中可以随意呼来唤去的奴隶。从那一刻起，你的朋友、你的意愿以及你的钱包都不再属于你自己。除此以外，你还必须改变自己的性格，在女人们面前表现得更符合她们对你的期望。从此以后，你不能再穿奇装异服，谈吐也不能空洞无物。这样的情形，相信不仅会令维纳斯感到自己生不逢时，甚至会令她那些热切的追求者自愧不如。

为了让女人们高兴，你需要不断地奉上礼物、笑脸和殷勤的款待；只要她们高兴，工作可以一拖再拖；为了取悦她们，再大的花销也不足惜；无论多亲密的朋友，只要与她们的关系发生冲突，也必被舍弃。

无论这是你无意中的选择，还是你定意所做的决定，如今你已经全然被这些女人眼中的流光溢彩、嘴里的甜言蜜语和满心的鬼把戏诱惑住了。希望你在与她们的交往过程中，能学会如何识别她们的伎俩，看清她们的诡计，懂得如何谨慎地避开她们。即使你已经将自己的快乐建立在这些女人身上，我还是希望你最终能靠着自己的理智——而非感觉——做出正确的决定！要知道，一个人内在的优秀品质，总比她鲜艳夺目的外表更有价值。关于这一点，本文的结尾处我会谈得更多一些。在此我要提醒你的是，即使你已经定意与这些女人交往，也不要忘记，总要保守自己的眼目，就像经文中提到的，不要总是将自己的眼光游移在那些会引动你的情欲和爱慕的事物上。一个心思意念游移不定的人，他的一生都会被情欲吹动得四处翻腾。爱与幸福只有在家庭中才能得以圆满，如果你一想到自己的妻子就满心厌恶，或完全无视她的存在，那么你从她那里得到的，也绝不会是欣赏与平安，而是令你寝食难安的斥责与争吵，甚至会给你带来毁灭。

我在谈到女人的时候，可能使用了一些非常严酷而苛刻的言语，其实我自己的性格，一般来说还是比较温和亲切的。尽管有时人们会用"妖妇"这个词来形容女人，但不容否认的是，历世历代以来，品格卓越的人大多数是妇女。而今天，仍有许多妇女，因着她们美好的德行，为自己赢得了现代"西庇阿"（Scipio Africanus）的美名。后者因为自己博大的母爱情怀以及对家庭的热爱，赢得了人们一致的称赞。她在谈到自己的儿女时这样说："他们是我所培育出来的、最值得骄傲的珍宝。"拥有这样品格的妇女总会赢得人们的赞赏，而那些不具备这些品格的女人，总会让人们像躲避瘟疫一样，对她们敬而远之。

性格多变

永远不要自以为是，以为多变的性格绝不会让你走上危险的道路。事实是，你一旦误入歧途，就很难重新被带回到正路上来。多变的性格会将各种各样错误的景象展现在你的面前，令你越来越困惑；一旦误入歧途，你就会身不由己地继续走下去；走得越深，感受到的失望也越大；渐渐地，你会越走越远，直至灭亡。

当然，看到这样的事，我绝不会袖手旁观。我对你最诚挚的忠告是，你应当尽可能地让更多的人了解你的动向、社交对象以及娱乐活动的内容。公众的目光，尽管相当严厉，却不失为一种有益的监管措施。许多人正是因为知道自己处于公众的关注之下，才得以从错误的道路上被挽回。

化装舞会

　　无论化装舞会表面上看起来多么有益无害，也无论有多少人对它抱有似是而非的见解，你总不要在好奇心的驱使下，或因为经不住别人的劝诱进到那样的地方。对脆弱的人性来说，那样的试探实在是难以承受的。据我所知，许多去到那里的人，因为自己的无知，犯下了根本不至犯下的罪行。有诗人曾说过这样一句格言："一个蔑视名誉的人最终会成为一个蔑视美德的人。"也就是说，当一个人对自己的名誉不再有所顾忌的时候，他自然而然就会走上犯罪的道路。

生意场上交往的对象

　　前面谈了许多其他问题，现在我来谈谈你在生意场上应当交往的对象。你应当和那些具有优秀品格且家境富裕的人交往，因为这些人在生意上不会斤斤计较，你们彼此也容易建立起长期互相信任的关系。但过分相信生意伙伴的操行，可能会使你易受欺骗，以至于参与或纵容他们的不法之举。因此，小心起见，你最好不要让自己受到这些人的影响。如果你对自己的事都漠不关心，又怎能责怪别人对你毫无诚意呢？尽管我们愿意相信别人都是诚信的，不会做不法之事，但别人所做的许多事是我们无法察觉的。经验告诉我们，有许多人在品德上不过是徒有虚名之辈，他们的美德只不过是做生意的一种手段，只要生意场上有需要，他们会毫不吝啬地展露自己的美好品德。

貌似真诚的表白

你要特别小心那些经常向你表白自己想法的人！尤其是当你发现他们的改变显得太过突然、离奇，或者根本没有什么明显的证据，表明他们应有如此改变的时候。人和人之间的交往都是建立在互利的基础上，如果有人突然对你说了许多奉承话，你却觉得自己并非像他说的那样好，就可断定，这些溢美之词并非发自他的内心。这些话你一定要小心，因为这很有可能是一颗糖衣炮弹，类似的事在我们的生活中并不少见。许多人并不会直接跑到别人面前，公开表明自己的敌意，而会在一副友善的假面具下伤害他人。遇到这样的情况，人们一般来说都会很小心，也能很好地保护好自己，但如果你是在毫无设防的情况下向别人敞开心扉，那就很容易遭到伤害了。

疑虑

虽然你不能过于轻信别人，但也不能总是生活在疑虑之中，因为它会带给你一连串不幸的后果，甚至会令你化友为敌。而且，就算你的疑虑得到了证实，你的小心谨慎也没有什么不对，你却会因为疑虑重重而生活得十分凄惨。

易怒

为了一点儿不值一提的伤害就大动干戈，实在不是一种稳妥、明智的做法。生活中我们难免会受到伤害，如果一遇到伤害就动怒，那么我们就只能在吵闹声中度日了。如果你因一件事或自己的缺点伤害了别人，最明智的做法就是立即承认自己的错误，并向别人赔礼道歉。做错事不要紧，要紧的是知道自己错了，而且能为这个错误做出及时的补救。这样，即使你说错了话或做错了事，也会因为自己勇于承认错误，而赢得别人的尊重。如果你因为自己的骄傲，做不到这一点，也不要因为对方的贫穷或软弱轻看或鄙视他。在对待比你弱的人时，不要表现得太具攻击性，因为你表现得越霸道，就会越显出你的无理，最终反而让你这自视甚高者，毁在那些让你最瞧不起的人手中。在土耳其的历史上，就记载了这样一个事件。一名德高望重的土耳其国家元老，因为羞辱了一名普通士兵，而在国会中遭到这名士兵的刺杀，惨死在他手中。记住，无论在什么样的情况下，怒气都是一种有害无益的情绪。当你为了自己所受的伤害而怨声载道，或是因为受到伤害而愤怒不已时，别人并不会因此看到事实的真相，只会认为你是在表达自己的偏见或是吹毛求疵罢了。他们会认为自己看到的才是事实，并信以为真。如果你是因为自己做错事受到别人的指控而发怒，那么你的怒气刚好说明了你心里有愧。

取悦别人

与其在吵闹或争执中度日，还不如广交朋友，尽可能和你所认识的每一人建立起友谊。亲切的态度以及彬彬有礼的举止就可以让你赢得别人的青睐。一次简单的点头问候、一个善意的微笑、一句亲切的寒暄，就能拉近人与人之间的距离。通常情况下，一个温柔的举动，往往比一句措辞优美的话语更让人感到亲切，也更容易为你赢得别人的好感和友谊。

愿你在日常生活中也能照此原则行事为人。总要带着真诚的态度，主动向别人表达你的善意。相信你这样行时，一定会得着十足的回报。当你遇到不喜欢的人，却仍然坚持用同样的态度对待他们时，要让人看到，你这样做不是出于自己的喜好，而是出于意志的决定，即使是自己不喜欢的人，你也愿意向他表达你的善意。

但也有一些人，无论你是用亲切和蔼的态度，还是用满有恩慈的行为对待他们，他们就是无动于衷。这样的人在感情上极为吝啬、自负，既不知道如何感恩，也不知道如何回报。他们或是认为你如此善待他本是应当的；或是对你的善行大肆嘲笑，认为愚昧之极；或是把你的善意当作笼络他们的手段，嗤之以鼻。

了解人的脾气秉性

了解人的脾气秉性，可以在待人接物之道上带给你极大的帮助。它一方面可以帮助你清晰地表达自己的观点，另一方面，也可以帮助你了解别人要表达的意图。与人打交道时，切记不可压制别人的情感。比如，当你遇到一个守财奴时，不要劝说他应该表现得如何慷慨大方；当你遇到一个胆小鬼时，不要劝说他应该表现得多么刚强勇敢；当你遇见一个自私自利的人时，不要试图说服他应该变得多么无私。如果你懂得如何用智慧和机智面对这些人，你就会发现这一切都会改变，甚至那个守财奴，也会自觉自愿地按照你所希望的，奉献出他的时间或资财；他会乐意与人为善；会不惜一切代价地赢得别人的友谊；会不再视财如命；他做人的原则和习惯做法虽然有许多令人不齿的地方，但当你遇到别人的论断时，他会成为你最值得信赖的朋友，他会站出来像捍卫自己的利益一样，捍卫你的利益；他会为了一些连你自己都羞于提及的小事，替你据理力争；他会替你争取到那些连你自己都没有想到的利益，甚至比你更卖力。

认识人的表情

为了了解人们的想法，我建议你不妨研究一下人们不同的表情（乍听起来这个建议似乎有些古怪或不可思议），因为人脸上的喜怒哀乐，往往反映出他们内心最真实的思想。人们可以掩饰自己的行为，却无法掩饰自己的内心。你虽然无法轻易地从一个人的外表猜测出他内心的想法，但一个人的脸很容易流露出其内心最真实的想法。因此，通过一个人的习惯动作及表情，你总能对他的脾气秉性有所了解。换句话说，借着人们的身体动作及面部表情，你总能大概知道他们在想什么，以及他们最真实的自我是什么。退一万步来说，即使有人刻意要掩藏他内心的感受，这些感受仍会时不时地、不由自主地流露出来，让人能从中捕捉到他内心最真实的景况。

因此，与别人初识时，你一定要留心他们的表情。尽管这其中并没有什么规律可循，你也很难认定自己的猜测是对的，但是，每一次这样的观察，都可以帮助你熟悉不同人的表情，等到你下一次再看到同样的表情时，就不会再做出错误的判断了。反复地观察、操练，你就不会对人们的面部表情感到迷茫，甚至那些虚伪的表情也很难逃过你的眼睛。我当然不是说你每次的判断都是对的，但当你将人们的身体动作和面部表情反复进行比较时，总能从中捕捉到一些真实信息。虽然这样的做法可能并不适用于所有人，但它至少可以帮助你在看到别人下意识的举动时，捕捉到当时他内心的某些信息。这样，你在从事贸易、交换、沟通或谈判时，在贸易伙伴尚未开口前，就能从他们的面部表情揣测出其内心的意图，使自己提早有所准备。为了更有效地揣测对方的意图，你必须仔细留心他的每一个举动，看你说的哪一句话会真正打动他；你也要留意他脱口而出的每一句话，因为这些话常常会反映出他内心的软弱；此外，你还要留意他脸上不知不觉中流露出来的表情，以及他深思熟虑的话语和理由背后所隐藏的含义。然而，你对别人的表情或内心的观察，绝不能离开你对自己的观察，因为一个不了解自己的人，是不可能了解别人的。

控制情绪

要想做到这一点，就必须刻意地约束自己的情绪，包括恐惧、愤怒、悲哀等。一个将自己的喜怒哀乐表现在外的人，很容易在情绪上受到别人的操控，让别人把自己的情绪搅动得忽高忽低；而一个喜怒不形于色的人，就不容易暴露自己的弱点，因此也就不容易受到别人的影响。因此，你总要学会尽力克制住自己的情绪。生活在这个忙乱嘈杂的世界中，你的情感越细腻、敏锐，所感受的痛苦也就越多、越大；你要学会让情绪服务于你自己，而不是受它辖制。凡是受情绪支配的人，最终都将一事无成，只能使自己受制于情绪的掌控，成为对它唯命是从的奴隶。

看淡伤害

　　遇到伤害时，最重要的并不是去增强受伤的感受，而是学会看淡它。被伤害时喜欢抱怨的人，会让人觉得，他只要有机会，就会进行报复。他这样做，不仅不会让对手消除仇恨，反而会让对手为了自卫的原因，想尽一切办法，变本加厉地伤害他。但如果遇到伤害时，你能看淡伤害带来的后果，你的对手就不会感受到来自于你的威胁，从而也就避免了问题的激化。当比你更强势的人伤害你时，尽管他全无道理，但如果你想在这个问题上与他辩出个好歹，那么你将受到更大的伤害，比你自行化解掉这个伤害不知大多少倍。既然胳膊永远扭不过大腿，当你面临这样的冲突时，最明智的做法就是选择远离。我曾经遇到过许多人，把别人不经意的举动或表情当成对自己的冒犯，并为了所谓的公义声讨别人，结果断送了自己与他人之间美好的情谊。由此可见，人为了发泄一时的怒气，不计后果地冒失开口或乱发脾气，结果不仅给自己带来了数不尽的麻烦，而且还会关上本可能给自己带来益处的机会之门。

优柔寡断和闲散懒惰

尽管你不应当让自己的行为受到心血来潮的奇思怪想或起伏的情绪的辖制，但你也不要过于闲散懒惰，因停滞不前而错失了良机。有些人因为猜疑、犹豫不决和胆怯而无所作为，也有些人因着好逸恶劳和自夸而游手好闲。这两种状态都极其危险，会在顷刻间使我们所有的努力都付诸东流。因此，不要让自己陷入这样的状态。要警醒！小心！要站稳了！不要等到自己已经深陷其中，才有所察觉。要懂得如何珍惜时间，因为它远比金钱更为宝贵。我可以毫不客气地说，不懂得珍惜生命中一分一秒的人，就是在浪费自己的生命。

把握时机

我在这里要劝诫你的是，总要学习利用恰当的时机，让别人接纳你的观点。每个人都有自己的脾气秉性，都会有情绪起伏的时候。有时一些不起眼的小事也会影响到人们的情绪。有些人会在灾难中表现得慷慨大方；有些人则会在遭受困扰或不幸时，表现得暴躁易怒或固执己见；还有些人喜欢美食，你若不用一顿大餐款待他们，就休想接近他们；另有些人性格内敛，总是一副郁郁寡欢的样子，但一两杯小酒下肚，就会原形毕露，完全向你敞开自己。你会发现，很多人在其他场合会和平时表现得判若两人。因此，如果有时你没能把握好时机，让别人接纳自己的观点，千万不要气馁、放弃，总要再次尝试，直到别人愿意敞开心灵，接纳你的观点为止。

善待愤怒的人

在任何情况下，当你遇到一个暴躁易怒的人时，都不要用以怒制怒的方法对待他。当你拒绝以怒气回应时，连你都会惊讶，自己怎么会变得如此温顺。远离暴躁易怒的人，性情会变得谦和柔顺，因为你知道，发怒时，自己已经失去了最起码的礼貌。不仅如此，一旦发怒，你还要付出千倍的努力，重新恢复自己已经建立起来的好口碑。也就是说，面对挑衅时，如果你没能控制住自己的怒气，这不仅会影响你的行为举止，还会失去别人对你的赞赏。

容让自己受制于愤怒的灵，实在是一种既愚昧又危险的倾向。斯多噶派学者希罗克洛斯（Hierocles），曾引用过一句在不信者当中流传得相当广的话，他说："智者不会憎恨任何人，只会充满对贤良之士的敬爱。"

要与实力相当的人做买卖

你最好和那些与你实力相当的人做买卖。与旗鼓相当的人做买卖，双方的利益都能得到保证，也不用担心因为对方的实力过强而被兼并。当你遇到实力过强的对手时，总要小心避开，不要让自己成为他们口中的猎物。这些人会不择手段地吞吃掉那些比自己弱小的对手，在这方面他们会表现得毫不留情，丝毫不会顾及到被吞噬者的利益。玛丽女王刚去世时，她的丈夫，西班牙的菲利普国王，向她的继任者提出要求，请求后者保障自己的既得权利。可惜玛丽女王并未生过一男半女，若有的话，他的要求一定会得到满足。为了表示自己的诚意，菲利普国王提出，即使继任者出现了什么意外，他也会让西班牙继续保持与英国的结盟。但赫伯特爵士对菲利普的建议提出了质疑，他说，如果菲利普国王拒不履行自己的承诺，谁有权把他绳之以法呢？这个质疑立即使菲利普的建议遭到英国国会的一致否决。他们认为，这个提议不过是菲利普国王假意讨好英国国王的一种手段而已。因此，为了避免有人怀疑你在公开交易中掺杂了什么不可告人的个人目的，你一定要将处罚性条款在合同中清楚地罗列出来。

亲自打理重要的事

下一件我要提醒你注意的事情是，所有关乎你自己的重要之事，都要由你亲自打理。一般情况下，亲自处理这些事，远比请别人代为处理效果更好。因为没有人比你更了解自己的想法，也没有人比你更清楚什么对你更为有利。如果你因为身体不适或其他原因，不能亲自处理这些事务，而必须借由书信或别人代为转达，你要明白的是，别人很有可能会曲解你的意思，甚至把你的意思完全表达错误；他们可能会在转达你的话时，因为增删了其中一些内容而引起别人的误会，甚至挑起别人的怒气，使你的计划因为传话人而无法实施。遇到这样的情况时，你应该立即出面，亲自澄清事实。如果事情还没有弄到充满敌意的地步，你可能只要用几分钟的时间，就能化解一年以来累积在你们之间的各样误解。在你和朋友面对面把事情弄得水落石出之前，千万不要得出任何对朋友或你自己不利的结论。

流言蜚语

不要让自己受到流言蜚语以及闲话的困扰。起初别人所说的话可能并没有什么恶意，但在不同的人口中传得多了，便开始生出恶毒来。有时这些话本身可能并不伤害人，但当它传到你耳中时，由于其中掺杂了太多别人的想象、喜好、念头，甚至是他们自己不经意的玩笑，所以让你感觉受到伤害。当你听到有人兴致勃勃地向你转述那些无中生有的闲话时，一定要小心，那可能纯属谣言，或误传的流言蜚语，不要让它们伤害到你。你总要明辨传话人的品格，不要受他所传的内容及其观点的搅扰，自己去了解事实的真相，不要让任何偏见或不真实的看法存留在你的心里。

写信

当你因为不便而无法亲自处理那些重要事务时，最好用书信传达自己的意见，而不是托人传话。我要提醒你的是，写信时一定要措辞严谨，最好留下副本，写完至少要看两到三遍。一般情况下，书信会被作为一种文字证据，判定你的对错。所以，信的内容一定不能过于草率。提庇留皇帝就因为有时写给议会的信过于草率，而将自己邪恶的动机暴露于世人面前。总之，你写信时务要谨慎，既不要有害人之心，也不要让信的内容伤害到自己，你总要灵巧像蛇、驯良像鸽子。

我不知道自己能否活着看到你在社会上功成名就的那一天。就算我活不到那一天，如果你能像对待朋友一样看待这些信，将它们视为珍宝，相信它们定能像你的财富一样，带给你极大的益处。

无论你收到的来信多么令你激动，写完回信之后，都不要急着发出，等到一天之后再发。

关于创业的提醒

当你的契约期满，决定自己创业当老板时，我在这里严肃认真地提醒你，在这个决定上，你一定要三思而后行，因为它将会影响你的一生。许多人因为在仓促中做出决定，结果断送了自己的前程。这些人由于不肯安心服在别人的手下做工，结果让自己长期受欲望的辖制，生活在十分凄惨的景况当中。创业失败会给人带来巨大的打击，虽然不会完全置你于死地，却会留下极深的创伤，让你自暴自弃且受人蔑视。因此，在你做出这个决定前，一定要沉稳，不要焦躁。要反复观察这个决定的根基是否牢靠。根据我的观察，在尚未接受过严格的管束就决定创业的人当中，极少或者说还没有人取得过成功。这些人虽然一开始表现得踌躇满志、意气风发，但一艘扬帆出海却没有压舱物的船，注定要遭到倾覆的命运。我前面也提到过，一个涉世未深的人，很容易受到好奇心、享乐和过度消费的诱惑，这些诱惑甚至会使他对朋友的关切以及劝告充耳不闻。

要先学会做学徒

如果你想取得我现在拥有的声望以及财富，就要效法我的榜样。在你所属的行业中，拜那些最聪明、最富有经验的人为师，跟着他们学习一两年。在这期间，你会从他们那里，学到许多获取和打理生意的技巧和方法。我相信你在这一两年中所学到的知识，会比你在已经工作的这七年中所学到的还要多。在和他们学习的过程中，你还可以留心观察，是否能在行业中找到一个能助你成功的职位。与此同时，你还可以留心选择出那些最使你满意、在付款上最有诚信且订单量最大的客户。假如你对做学徒感到厌倦，不想再服在别人手下做工，也可以考虑与上面提到的其中一人洽谈，成为其生意伙伴。在这样的关系中，你的生意伙伴可能会占主导地位，并且在制定合同条款时，更多考虑自己而不是你的利益。但是从整体上看，你在这个关系中并不会吃亏，因为从他那里，你可以学到他的经验、谈吐技巧及智慧，而且他为了自己的利益和品格不受损害，也一定不会罔顾你的利益。

量力而行

如果找不到合适的生意伙伴，你只能考虑独自创业的话，你需要按照自己目前业务的赢利情况考虑租赁多大的店面，不要让自己入不敷出。许多年轻的创业者，就是在这一点上没能把握好，最终不得不半途而废。一旦他们的产品在市场上卖不出去，就会发生那样的情形——一群吵闹的讨债者，在每个季度付房租的日子，聚集在他们的门前讨要房租。因此，如果以前你曾冒险以估计的方式判断自己可以支出的费用的话，那么，现在你就必须学会按照你的实际收入确定你的支出，不要让你的支出超出你能够负担的范围。要知道，增加业务风险，总比规避业务风险容易得多。而一旦你超出了自己所能承担的底线，要想再恢复元气，就不那么容易了。

俗话说得好，人要量力而行。对一个刚刚开始创业的年轻人来说，这可能是最好的忠告。当你还是一个单身汉的时候，你可以想做什么就做什么，但你总要考虑未来家庭的费用支出。节俭朴素的生活方式总能给人带来最大的快乐，它是这个世界上公认最好、最受人尊敬的生活方式。是否这样生活，这是你自己的选择，你并不是为了别人的虚荣心而活，也不是为了满足别人的要求而活，你是为了自己而活。当你年纪渐长、事业有成时，你自然会比年轻时拥有更多享受的机会，到那时，你就可以顺其自然、心安理得地享受你所有的了。

为了不至于捉襟见肘，你要学习如何在钱财上量力而出。你能多大限度地削弱自己的欲望，就能多大限度地享受你的快乐。"奢侈是人为造成的贫乏。"一位古代的哲学家，在路过一个市场时，看到那里摆放着琳琅满目的待售商品，不禁感慨地说："这里竟摆放着这么多我完全用不上的东西！"

精致的店面

有些人喜欢在自己的店面外竖起又大、又笨重、又俗气的标志牌。不要把你的店面装饰得那样华而不实。现在城里到处都能看到这类店面，门外是玻璃橱窗，门里竖着不同的雕像，产品上镀着金，到处是圆柱体和各种建筑装饰。店面老板和伙计都极力追捧这种装饰风格，希望借着精致的装饰让自己的产品能够被顾客们接受，使之流行一时。时下就有许多出身显贵、年俸在两千到两万英镑的富家子弟，深受这种铺张浪费的奢迷之风的腐蚀，其受害程度远比城中普通人家的子弟更重。他们以为开了这样的店面一定能赚到钱，没想到来到店里的顾客，不是付不起钱的，就是不想付钱的；不是法律管束不了的，就是连法律也不屑管束的。结果，虽然自己的投入颇丰，却遭受到不可避免的损失。从这些人的经历中，我发现，依靠自己的钱财创业的青年才俊们，很少有成功的。相反，那些凭借自己的勤俭努力创业的人中，成功的倒不在少数。究其原因，是因为前者以为有钱能使鬼推磨，因此他们在投入金钱时，既没有经过仔细的思量，也没有好好地运用自己的智慧，结果由于盲目乐观，使自己遭到无法挽回的损失；而后者，由于在投入时比较谨慎，同时充分发挥了自己的聪明才智，依靠实际经验和勤俭的品格，所以最终获得成功——不仅使自己的投入获得了百倍的回报，还凭借自己辛勤的劳动，为全家人创造出大量的财富。

聘用学徒工

你在聘用学徒工时，一定要小心，不要因为别人愿意支付大笔合同金，或愿意为你服务七年这样的诱惑，就做出错误的决定，结果聘用了一个惹是生非、性格顽劣、品性不良、行为不端的人。聘用这样的人会给你和你的家庭带来数不清的混乱与烦恼，这可不是危言耸听。你所聘用的学徒工，应当是品格端正、接受过基本教育、脾气温和且易于管束的人。与学徒工和平相处这件事，不知比钱财本身重要了多少倍，而且这是用金钱根本买不来的。所以，如果能聘用到这样一个人，你要把他当成儿子而不是仆人那样对待。不要忘了，他和你是一样的人，有一天也会和你一样取得成功。你现在若不善待他，他获得成功的时候，你就会为自己曾经亏欠他而面露愧色。总之，你不要忘记自己做学徒时的遭遇及梦想，这样你就可以设身处地考虑他的感受了。此外，你还要思想，他若是你的儿子，你希望他的老板应当如何对待他，你也应当照样对待他。

择妻

以前我曾经和你泛泛地谈论过择妻的问题，今天我们不妨在这里认真地探讨一下。尽管现在让你考虑择妻，未免显得有些为时过早，但至少可以帮助你避免不必要的麻烦。而且，趁着我还健在，给你提供一些建议，你就不必等到问题发生之后再去面对。

结婚本是人之常情，我并不反对大家结婚。但是鉴于你过惯了随意的生活，我倒宁愿你不结婚为好。精明的奥斯本先生（《名利场》中富裕的商人）就这样暗示过自己的儿子，认为这也是人的一种精明。

但是，如果你还是情愿选择结婚，我劝你要为自己这一生的幸福和成功仔细打算，并郑重地做出选择。另外，我要极力劝告你的是，如果因为某种不测或经营不善导致你的生意破产，千万不要用结婚来弥补这件事带来的伤痛。不要借着外表富足的假象，将对你毫无戒心的无辜者卷入婚姻，将你破产后的绝望、羞耻和痛苦也带给她，这样做实在太不仁义了。如果你真的破产了，就应当选择单独面对这样难以忍受的痛苦，而不是将这样的痛苦加诸另一个完全依靠你的女人身上，并让你们的孩子也一同遭罪，使他们产生生不如死的感觉。

因此，现在你就要为自己以及今后的家庭，考虑经济的问题，不要让你未来的家庭因为经济匮乏而难以为继。婚后家庭支出会急剧增加，这会使丈夫感受到难以承受。所以，不要自欺，以为那对你来说根本不是问题，而要从现在开始努力工作、量入为出，尽可能地为你今后的家庭积聚足够丰富的财产。

鉴于此，你在择妻时要遵循以下几个原则。

不要选择那些徒有虚名的家庭出来的女孩子，她们的家庭所拥有的名号、爵位或所遗留的古老传统，可能会令你产生自惭形秽的感觉。要选择那些生活俭朴、诚实、个性单纯、无可挑剔、以纯真为美的女孩子。此外，你还要观察女孩子父母的人品，尽管我这样说可能会显得不够公正，但是如果她的父母人品有瑕疵，她也一定会受到影响，而且这种影响是时间无法抹杀的。

不要选择那些身体上有残疾或者有家族遗传病的女孩子。不要因为父亲在选择配偶上的草率，使遗传性疾病在家族中一代又一代地传下去。

美貌

不要贪恋美色！因为青春易逝、美色难留。那些抱得美人归的男人，最终会发现自己沦为娇妻的附属品。妻子不仅成为家中的发号施令者，甚至成为家中的暴君；你只要胆敢对她反复无常的脾气提出异议，马上就会招来一顿最为猛烈的斥责与谩骂；但妻子只要一道歉，哪怕她所表达的歉意再有口无心，丈夫也会感到受宠若惊。

当然，我讲这些事，并不是说你在择妻时对对方的身材是否匀称或者容貌是否端正可以完全忽略不计。女人既然被造得如此美丽，在择偶时考虑女人的容貌本也无可厚非。毋庸置疑的是，容貌美丽的女人，总是最先招来男人的恋慕。如果想继续获得这样的恋慕，保持自己容颜常驻不失为一个好方法。而且，一般来说，孩子的长相都是遗传自母亲，因此，容貌美丽的女人不是成为普天下男人们倾心恋慕的结婚对象，就是成为那些喜爱追逐女人的浪荡子们极力捕获的猎物。

好脾气

好脾气是择妻的另一个重要条件。缺了它，婚姻就无法和谐，而且会少了许多乐趣。因此，无论如何，婚前你总要找机会察验对方的脾气是否与你相合。如果对方动不动就毫无缘由地任性，一会儿表现得像阳春三月的暴风骤雨，一会儿又表现得像梅雨季节的阴雨连绵，那是很可怕的；如果对方是个慵懒而冷漠的人，对生活中的一切都了无情趣，既不关心你的成功，也不在意你的不幸，完全不知道如何帮助你度过困境、取得成功，那也十分可怕；如果对方是个脾气易怒、吵闹不休的人，你就会觉得自己的心好像被黄蜂蜇了一般，每时每刻都会感受到钻心般的疼痛；如果对方是个郁郁寡欢、闷闷不乐的人，她会使你的家好像停尸房一般阴森可怖，与这样的人相伴，你会感到生不如死。当然，你在察验对方的时候，也不要过于挑剔，世上还未找到一串没有瑕疵的珍珠，而容忍别人缺点最好的方法，就是先改正自己的缺点。

好管家

在择偶时，你还需要考虑，如果对方不是一个勤俭持家的人、不是一个理家好手、对家庭事务一窍不通、不知道如何物尽其用并善用手中的每一分钱，这样的女人，尽管脾气柔顺、举止优雅、端庄，也绝不适于做一个商人的妻子。可能正是她的那些温柔可爱的气质，使你们家庭败落。记得一天晚上，我受邀参加一个熟人的婚礼。婚礼在一家名为"图片格言"的老式宴会厅举行，前后持续了一个小时。到场的来宾发现整个的婚礼仪式非常简单。开始时先由新娘向新郎致辞，接下来新郎表达了自己甘心为这个家成为老黄牛的意愿，然后他拉起新娘的手说："让我们一起努力经营好这个家吧。"新郎的这句话表达了婚姻得以维系的真正条件：男人必须在家庭中承担起养家的责任，而女人则必须懂得如何为操持这个家精打细算。这让我想起你的母亲，她就是一个善于理家的能手，她在穿着打扮、餐桌布置及每一个生活细节上都显示出卓越的品位，把家里打理得井井有条。据我所知，她在家庭支出上的花费，比周围许多大手大脚却远不如她整齐、有品位的邻居俭省25%。

宗教信仰

你选择的配偶最好拥有宗教信仰。她的举止行为应该令人称道，生活作风要严谨有序。她要懂得如何尊重权柄，不虚度时日，不像其他女人那样爱慕虚荣。但如果她的敬虔变成一种宗教迷信或宗教狂热，她就会使自己迷失在其中，并因着骄傲之灵的压制，使你的家变成一个宗教裁判所，或变成一个关押罪犯、充满伤痛的恐怖之地。

嫁妆

说到嫁妆，你要小心谨慎，同时也不要失去最起码的体统。毕竟你是在挑选一名妻子，而不是为了一匹马讨价还价，可以随自己的喜好任意抬高或贬低她的价格。如果你追求的女人唯利是图，因此拒绝带着嫁妆嫁给你，你就可以确定，这种只为自己考虑的女人，既不可能成为你忠实的朋友，也不可能成为一名大方得体的妻子，更不可能成为一名温柔贤惠的母亲。一定要远离存着这样心思的女人！那些徒有美貌却身无分文的女人，你也要远离，尽管你在情感上愿意和她亲近。娶一个容貌艳丽却囊中羞涩的女人为妻，就像是在看一所外表漂亮、里面却无家具的房子一般，徒有其表却无实质内容；同样，娶一个嫁妆丰富却令人厌恶的女人为妻，也不可取，那就像是圈在篱笆里的一块沃土，虽看似富饶，却不宜居住。愿你遇见一个令你心仪的女人，她的好品性以及你们之间共同的利益，能把你们紧紧地连接在一起。

如果你们的经济情况允许你们享受自己的喜好，那就不需要舍弃家居生活的平静，去追求更多无法带给你们快乐的财富，你们的生活应当会非常幸福。然而，如果你们的经济情况不足以使你享受自己的喜好，那么，在追求财富的事上你们务要谨慎，以免带来不必要的后果！因为快乐不在于家道丰富，而在于有衣有食就当知足，尽管我们的诗歌颂词对此倾注了许多热情洋溢的笔墨，但真正能领会这一点的人并不多。许多人都在吹嘘自己如何用财富将妻子救离了苦境，但真正赢得妻子的感激和情感的，其实是他们谦卑的胸怀和责任心。我就认识一些对此一无所知的人，他们的无知给他们带来了令人痛苦的绝望。很少有人对财富有正确的认识，他们认为女人会为了满足自己在钱财、用度和消费上的需要，而委身下嫁、屈从他们的期望，真是这样吗？

与周围人的关系

　　如果我上面所说的这一切，仍不足以说服你放弃自己的选择，你至少需要考察一下，这个女人与周围人的关系是否融洽和谐。

　　你要记住，如果一个人在生活困苦时，无法保守自己在身体和思想上的完全，那么，生活景况得到改观后，她也无法做到这一点。因为财富无法改变一个人的品性。而一个懂得如何在身体、思想和其他方面保守自己的女人，即使她以前不具备勤勉、刻苦的品性，生活环境改变后，她也能很快让自己拥有这些品性。

　　前面我已经详细地讲到了你在择妻时需要考虑的种种问题，这里我就不再一一赘述了。在所有需要考虑的问题中，品格永远是首先被考察的内容，其次就是真情实感。男女双方的真情实感，比任何反对的声音都更具有说服力，即使反对你的是最富成就的雄辩家。

恋爱

恋爱会在人的心里激起一波又一波的冲动。从这个角度说，恋爱的过程实在需要仔细调整，好使它不致失去控制。如果你恋爱的态度太过随意，没有学习掌控它，就难免会沦为爱情的俘虏，将自己的缺点暴露无遗，让你的情人轻易地把你操控于她的股掌之中，在各样的事上辖制你。她会尽可能地行使她的控制力，并动用各种各样残酷的小把戏，使自己的虚荣心得到满足。

你不仅要小心别受制于她，而且还要让她尽可能地迷恋上你。为了赢得她的芳心，你应当常常去拜访她；每次去的时候，总要让她看到你最好的精神面貌；要准备一些令人愉悦的话题；每次去时，可以预备一些她喜欢的小礼物；拜访她时，不要总是等到无话可说时才离开。有时，你不妨选择在她最希望你留下时离开；不要轻易表达你对她的爱意，除非你确知她已经有点爱上你，并开始为此事献上祷告；即使到了这个时候，你也不要对此事太过认真，因为万一你判断错了，你就可以对此一笑了之，而不至于太过失望；如果她向你表示，在这样严肃的事上你表现得过于轻率，并对你肤浅的情感投入表露出不快，这时，你就可以让她了解你真实的想法，并展开殷勤的追求，改变她对你的态度，令你们的爱情得以进一步发展。

阿狄森（Addison）曾说："一个男人一生中最美好的时光是在恋爱中度过的，当然，他必须感情真挚地爱着对方。在恋爱中，他会流露出内心所有令人愉悦的情感，如爱、渴望和信任。"然而，当你成功地赢得女方的感情之后，无论如何你都要向她求婚，否则，你的行为就会被看成是玩弄对方的感情，并因而受到谴责。

婚礼

不要把你的婚礼办得过于哗众取宠，也不要把它搞得悄无声息，以至于无人知晓。你的婚礼从始至终都要带着一种庄重的气氛，因为你要在这里与新娘缔结一生的盟约。不要把你的婚礼办得太过喧嚣、狂热，因为当狂欢的人流散去时，你们会因为失落而流泪，甚至会感到心情沉重。

婚后的生活

根据我的观察，尽管大多数人会选择结婚，但不幸的是，婚姻幸福的人却寥寥无几。这正说明，如何维持婚后的爱情生活，不满足于得过且过，这实在是一门不可或缺的艺术。

鉴于婚姻生活在日常生活中的地位举足轻重，我真心希望你能把它当作一门艺术认真加以学习。要掌握这门艺术，你必须学会既不轻看你的妻子，也不轻忽她的存在，这样，在两情相悦之中，你们两人就能相安无事。不要让你的妻子看到婚后你对她态度上的转变而痛心疾首——你曾经是那样一个对她百依百顺、俯首帖耳的情人，如今却变成了一个专横跋扈、专制粗暴的丈夫。你一定要明白漠不关心、疏忽大意、轻蔑和厌恶之间的差别微乎其微，因此，如果你不想扰乱自己的心境，就要小心每个情绪，不要把喜怒哀乐的情绪过多地流露在你的脸上。总要面带微笑，眼中流露着温情，举止行为中流露着关切。如果可能，你每天、每小时都要不断地赞美她，告诉你有多爱她。除此以外，不要让她感觉你在家里根本待不住，宁愿出门寻求其他人的陪伴，也不愿与她做伴；相反，你要与她分享自己一切的喜好，让她总能感受到自己是这个世界上最幸福的女人。当你这样对待她时，她不仅会常常来讨你欢心，对你百依百顺、充满温情，而且还会尽力维护与你之间的感情。那些试图以恐吓的方式使妻子顺服的丈夫是极不明智的，因为屈服于暴力的顺服不是真顺服，一有机会，妻子心中的不顺服又会显露出来。那些违背妻子的意愿，强制她们顺服自己的丈夫，要比那些让自己的妻子愉快地顺服自己的丈夫经历更多的麻烦。

如果夫妻间和睦的关系，因为某一方的固执或怒气受到一些影响，千万不要用苦毒的话语增强这种不愉快，也不要因为这样的事而不再沟通，以致彼此间的怨气发展成为无法平息的憎恨。遇到这样的事，如果夫妻双方都不肯让步，就会带来彼此的攻击；如果夫妻双方都愿意让步，大家就会彼此忍让、彼此饶恕。爱与恩慈一样，可以遮掩许多的罪。当人们心里存有爱的时候，就不会给恶毒留地步。因此，遇到惹你生气的纷争时，你一定要学会满有智慧地处理它。当你心中怒气未消，仍想谈论此事时，要注意表现得态度温和，不要过激。如果对方率先在态度上有所回转，你一定要立即欢喜快乐地接纳对方。不要总是认为自己对，并固执地坚持只有当对方顺服你时，你才肯接纳她。在类似情况的处理上，夫妻双方谁表现得最固执，谁就是在表露自己的愚昧；谁最先表示愿意让步，谁就是在显明自己的智慧。说实话，没有一个女人愿意在婚后沦为一名奴隶，没有一点表达自己意愿的余地和自由。因此，你最好能把家里那些琐碎之事，都交由妻子全权管理。这样，一方面你能省下许多时间，处理更重要的事，另一方面，你的妻子因为有许多要处理的事，也就乐得不再来干预你所做的事了。

另外需要提醒的是，夫妻双方不要分桌吃饭、分床睡觉，经济上也不要分开。夫妻双方分开的事项越多，就越难在这些事上有共同的喜好，也就越不容易合一。结果，蜜月尚未度完，夫妻二人本要维持一生之久的合一关系，就已经像脆弱的蛛网般不堪一击了。

关于家居陈设，我给你的建议乃是这样：你家里的摆设一定要朴素，不要超过你的经济承受能力。这样，万一有客人意外到访，你总不致因把钱财都花费在豪华的家居陈设上，或浪费在仆从身上，而囊中羞涩，以致无法很好地款待他。我希望这样的款待越少越好，不要打肿脸充胖子，把宴席搞得过于昂贵奢华，以致下个月你不得不节衣缩食地度日。你要对自己的生活支出有一个统筹的安排，因为即使你宴请的是位贵客，费用也肯定要由你这个生意人出。不要以为宴席搞得不够排场你就会没面子。适度地安排宴席，一年下来可以让你节省许多的开销，而且把这样的宴请安排在自家举行，客人还能享受到更多美食。

另一个省钱良策是，外出购物时随身携带现金，这会让你更容易省下不该花的钱。入不敷出者外出购物时，总有赊账的习惯，这个习惯会令他们的购物支出比用现金购物时高出10%。

你以这样的方式省下的钱，可能会让那些情况不如你的人对你充满了嫉妒；那些情况与你差不多的人则会在心里对你充满了嫌恶；情况比你好的人则会对你表露出不满。他们可能会认为，你在宴请时所有的花费，最终都会分摊到他们的头上，因此，他们宁愿与一个身无分文的人吃饭，也不会选择和你一起吃饭。

子女教育

说到子女教育的问题，你可以回想一下自己所接受的教育是什么，同时也回想一下我在前面对你所讲的，关于如何塑造未来生活的那些原则。掌握了这些原则，我相信你一定会把子女们培养成为聪明、智慧、满有希望的人。首先，你要照管好他们的身体；其次，你要关注他们在品德上的成长；最后，你要考虑如何让他们在这个世界上取得成功。关于这一点，我对你的建议是，只要条件许可，你不仅要把子女培养成为学者或风度翩翩的君子和淑女，而且也要培养他们懂得生意上的经营之道，这样，他们就知道如何用手中积聚的钱财购置产业，也可以知道如何在遭遇不幸时，脱离贫困潦倒的境地。我就曾经见过许多显赫的家庭忽视了对子女在这方面的培养，最终使他们成为一事无成的人。虽然他们从小就接受了礼仪教育，后来却对自己所接受的教育感到羞耻，有些人甚至和家庭脱离了关系，沉溺于游手好闲、挥霍无度的生活，使他们的家庭蒙羞！

政治

最后我会再谈两个问题。我之所以把这两个问题保留在最后谈，是因为这些问题在你年龄更成熟时谈会更合适。在英国，凡是拥有选举权的男性公民，多多少少会关注公众事务。无论他是否愿意，他每天所谈论的时事和新闻，会自动将他归入某个政党的名下。为了更好地阐述你的观点，使你不至于陷入其他人的谬误，你总要大致了解一下英国宪法的内容以及你周围发生的事，如公民的权利、议会的特权、国王的权力、爱国人士的主张、大臣们的计划，以及商业的起源、发展、内容及重要性，还有税收手段、武力威胁、不同政党间关于治国所持的不同观点等。你可以把了解这些事当成一种娱乐，但不要把自己的全部精力都投放到这些事上。这样，当你需要推选议会议员时，你就可以对候选人的品格或能力做出判断，并对他提供的服务提出具体的要求。你也可以借机看看该候选人是否值得信赖，值得被委以重任，为那些无力捍卫自己的自由及财产的人伸张正义，扭转那些令人厌憎的滥用权力之事。为了你的益处，我并不希望你加入任何党派，因为加入党派后，你就要受制于它，自尊、自信都会受到损伤。要想无忧无虑地活着，最好什么党派也不参加，只要随事求问自己的良心，按良心的引导而行。这样，你既不用奉承任何人，也不用去做任何贪污受贿的勾当，让所有人都知道，你所从事的交易是无可指摘的，你所得的收入也是光明磊落的。

政府越自由——比如我们的政府——人们参加党派的热情也就越高，这是在独裁专制的政府统治下，很少看到的现象。但是，滥用自由也是造成我们这个社会产生诸多罪恶的原因之一。因此，你在热衷于某一党派的时候，一定要小心，任何一个党派都可能会因为人性的不完全而犯下错误。"在谈到应当选择什么样的人做掌权者时，"圣伯纳德对我们的教导是，"最可靠的方法就是选择那些会尽力避免错误，而不是在错误上勇往直前的人。"

信仰问题

宗教信仰是我所谈论的最后一个问题。我希望你不仅在心里重视，在日常生活中也能把你的信仰实践出来，不要像那些假冒为善者一样，在真实的生活中总是活在你死我活、相咬相吞的厮杀中。神是个灵，凡敬拜他的人，不能用索然无味的套话以及外表卖弄的仪式来敬拜他，而应当用心灵和诚实敬拜他。来到神面前的人，总要带着一颗诚实和良善的心。而且无论你在他面前祷告还是赞美，神都会立刻垂听，他会毫不耽延地悦纳这感恩的祭。你总要相信自己是在他的保护及关爱之下，能从他那里汲取无尽的安慰；你总要知道自己从未离开过他的眼目，你的一言一行以及每个意念都毫无遮拦地敞开在他的面前，即使面临各样的诱惑，他也能保守你不陷入犯罪的网罗。

最后我要告诉你的是，你今生在地上只是一个寄居者，将来你要按着自己的行为，接受神的审判或赏赐。有了这样的看见，你总要让自己尽可能地活得毫无羞愧、诚实可信，并常常给别人带来帮助。每一个活在世上的人都承担着彰显正义的责任，无论他自己是否知道。我们不仅要爱慕神的圣洁与完全，而且要在各自的生活中活出这样的圣洁与完全，无人能推卸这责任。

www.ingramcontent.com/pod-product-compliance
Lightning Source LLC
Chambersburg PA
CBHW051722040426
42447CB00008B/939